Gartenpflege

...rund ums Jahr

Ursula Kopp

Gartenpflege
...rund ums Jahr

Inhalt

Inhalt

Erfolgreich gärtnern

Beneidenswert, wer einen eigenen Garten hat, in dem es nicht nur das ganze Jahr über prächtig blüht, sondern auch köstliches Obst, schmackhaftes Gemüse, knackige Salate und würzige Kräuter geerntet werden können. Bevor es jedoch so weit ist, muss man gut planen, einiges an Vorarbeit leisten und die Pflanzen entsprechend ihren Ansprüchen pflegen.

Gartentagebuch

Am Anfang dieses Buches steht die Empfehlung, ein Gartentagebuch anzulegen. Notizen zu allen Gartenarbeiten und Ereignissen, Erfolgen und Misserfolgen werden dem Hobbygärtner schon nach wenigen Monaten wertvolle Hinweise liefern, mit deren Hilfe er seinen eigenen Garten erfolgreich bepflanzen und pflegen kann. Ein Gartentagebuch ist zum einen eine hervorragende Gedächtnisstütze, zum anderen vermittelt es Informationen, die Verbesserungen ermöglichen. Und nicht zuletzt erinnert man sich gerne an grauen Herbst- und Wintertagen beim Durchblättern an ein farbenfrohes und abwechslungsreiches Gartenjahr.

Start zu Jahresbeginn

Das Tagebuch wird am besten zu Jahresbeginn angelegt, weil man im Januar noch genügend Zeit und Muße hat, wichtige Gartentermine festzulegen und sich an die regelmäßigen Eintragungen zu gewöhnen. Denn jetzt ist im Garten wenig zu tun, entsprechend hält sich die Zahl der Notizen auch noch in Grenzen. Praktisch ist hier ein spezieller im Buch- oder Gartenfachhandel erhältlicher Kalender, der neben dem Raum für Notizen noch Tipps und Wissenswertes rund um den Garten enthält. Man sollte sich daran gewöhnen, alle Vorgänge im Garten sorgfältig regelmäßig und zeitnah einzutragen.

Welche Eintragungen

● **Ideen, Wünsche und Vorstellungen**
Hier sollte alles notiert werden, was man sich vom Garten erwartet, für welche Blumen das Herz schlägt und was man vielleicht einmal ändern will. Diese Ideen lassen sich in stillen Stunden ausarbeiten, und mit einem Plan wird daraus schnell Wirklichkeit. In Nachbargärten, auf Gartenschauen und Reisen lassen sich viele Anregungen finden.

● **Wetterdaten** (Maximal- und Minimaltemperatur, Luftdruck, Niederschläge, jahreszeitlich bedingte Erscheinungen usw.). Anhand des Witterungsverlaufs kann man in Zusammenhang mit anderen Daten (Erntemengen, Wuchsverhalten, Schäd-

lingsbefall u.ä.) Ursachen für Erfolge und Misserfolge ergründen und Schlussfolgerungen ziehen.

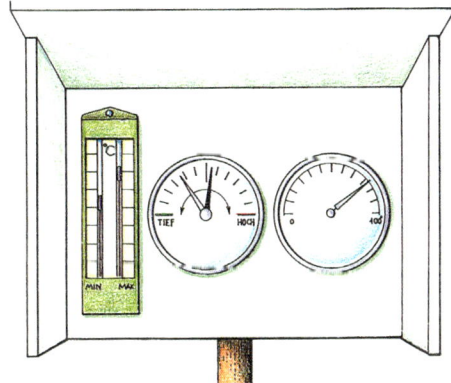

Einfach zu errichtende Wetterstation mit Minimum-Maximum-Thermometer, Barometer und Hygrometer

- **Bodenbearbeitung**, **Mulchen**, **Düngen** (Bodenlockerung, Ausbringen von Kompost und Mineraldünger). Nur wer weiß, welche Beete wann wie gedüngt und bearbeitet wurden, kann schonend mit dem Boden umgehen und beste Erträge erwarten.

- **Aussaat und Pflanzung** (Zeitpunkte, Sorten, spezielle Vorbereitungen). Mit diesen Daten können Wachstum und Entwicklung der Pflanzen besser verfolgt werden. Termingerechtes Umtopfen, Umsetzung oder Verpflanzen wird erleichtert.

- **Kulturfolgen**, **Mischkulturen** (Vor-, Zwischen- und Nachfolgefrucht, Stark- und Schwachzehrer). Hierzu skizziert man einen Plan des Gemüsegartens und trägt alle Kulturen an den entsprechenden Stellen ein. So lässt sich jederzeit kontrollieren, ob die Regeln von Fruchtwechsel und Kulturfolge eingehalten werden oder die Mischkultur Erfolg zeigt.

- **Ernten**, **Erträge** (Qualität und Quantität von Obst und Gemüse). Erntetermine, Erntemengen und -qualität lassen Rückschlüsse auf die Kulturmethoden und Standortbedingungen zu. Eine genaue Auswertung dieser Daten gibt Aufschluss über eventuell notwendige Änderungen bei Sortenwahl, Kulturverfahren oder Düngung.

- **Pflanzenschutz** (vorbeugende Maßnahmen und Bekämpfung). Schädlinge und Krankheiten bekommt man viel besser in den Griff, wenn man über alle Maßnahmen Buch genau geführt hat. So lässt sich vorbeugender Pflanzenschutz viel effektiver betreiben, und die Bekämpfung kann aufgrund langjähriger Erfahrung wirkungsvoller erfolgen.

- **Arbeitsgeräte** Hier werden alle wichtigen Daten, insbesondere Wartungstermine, vermerkt. Auch Anschaffungskosten und Erfahrung mit der Eignung der Geräte sollte man festhalten.

1 Spaten, 2 Schaufel, 3 Grabgabel, 4 Kompostgabel, 5 Eisenrechen, 6 feinzinkiger Eisenrechen, 7 Schlaghacke, 8 Ziehhacke, 9 Grubber, 10 Krail, 11 Fächerbesen, 12 Pikierholz, 13 Pflanzkelle

● Tierbeobachtungen

Ähnlich wie die Wetterereignisse kann auch das Auftreten und Verhalten von Tieren im Garten im Zusammenhang mit anderen Daten nützliche Hinweise liefern. Leben zum Beispiel viele Nützlinge im Garten oder sollte ihre Ansiedlung gezielt unterstützt werden. Igel zum Beispiel freuen sich über ein Winterquartier aus Reisig- und Laubhaufen.

1
Januar

Wegen der oft herrschenden Eiseskälte nannte man früher den Januar Hartung oder Schneemond. Wenn der Garten noch unter einer dicken Schneedecke liegt und alles hart gefroren ist, gibt es für den Hobbygärtner kaum etwas zu tun. Und so kann er sich mit Muße der Vorbereitung und Planung für das kommende Gartenjahr widmen. Gartenfachbücher und Kataloge von Baumschulen und Staudengärtnereien geben hier Anregungen.

Auf einen Blick

Allgemeine Gartenarbeiten
- Neuanlagen und Umgestaltung planen
- Saatgut kaufen, Keimprobe bei Saatgut aus dem Vorjahr
- Gartengeräte reinigen und instand setzen
- Winterschutz überprüfen, evt. ergänzen
- schwere Schneelasten von Ästen schütteln
- Wege ausbessern
- Hecken verjüngen
- artgerechtes Futter für Vögel bereitstellen, Futterplätze täglich reinigen
- Knollen und Zwiebeln im Winterlager prüfen
- Kübelpflanzen im Winterquartier überprüfen

Ziergarten
- Frostkeimer aussäen
- Samenpelargonien aussäen
- Knollen- und Zwiebelpflanzen vortreiben
- immergrüne Gehölze wässern, wenn der Boden frostfrei ist
- junge, immergrüne Gehölze und empfindliche Stauden schattieren

Gemüsegarten
- Gemüseanbau planen
- Saatgut bestellen
- Aussaat und Vorkultur (unter Glas): Pflücksalat, Schnittsalat, Saatzwiebeln, Sommerlauch, Weißkohl, Wirsing, Rotkohl, Kohlrabi; (ins Freie): Spinat
- Kompost ausbringen
- bei Wintergemüse Winterschutz ausbringen
- Feldsalat und Grünkohl schneiden, Winterlauch und Rosenkohl ernten
- Lagergemüse kontrollieren, Lagerraum lüften

Obstgarten
- Baumstämme mit Kalkanstrich versehen
- Spalierobst schattieren
- Pflanzenschnüre prüfen
- Wildobst schneiden

Im Ziergarten

Nur ein Monat ist dem alten, vergangenen Jahr so nah wie dem neuen: der Januar. Benannt wurde er nach dem römischen Gott Janus, da dessen zwei Gesichter stets in die entgegengesetzte Richtung schauen. Uns wird jetzt bewusst, dass der Winter erst so richtig beginnt und dabei sehnen wir uns doch schon nach dem Frühling! Wer aber die Natur genau beobachtet, der bemerkt, dass sich draußen bereits eine Menge tut.

Schneeheide

Die Pflanze des Monats

Die Schneeheide *(Erica carnea)* öffnet schon im ersten Monat des Jahres ohne große Rücksicht auf die widrigen Witterungsbedingungen ihre Glockenblüten. Der kleine Zwergstrauch trägt immergrüne, nadelartige Blätter. Die vielen Sorten der Schnee-, Winter- oder Frühlingsheide sorgen mit ihrem weißen, rosafarbenen oder karminroten Blütenflor für erste leuchtende Farbtupfer im winterlichen Garten. Den etwa 40 cm hohen Zwergstrauch kann man aber auch einzeln in ein Pflanzgefäß setzen.

Zauberhafte Winterblüher

Liegt die Natur im Winterschlaf, sehnt sich das Auge nach ein paar Farbklecksen, die die trübe Stimmung etwas aufheitern. Natürlich ist die Auswahl an Stauden und Gehölzen, die um diese Jahreszeit blühen, nicht sehr groß. Dennoch muss man im Winter nicht auf Farbe verzichten. Bei milder Witterung blühen ab Januar auch die langen, gelben (männlichen) Kätzchen der Korkenzieher-Hasel *(Coryllus avel-*

lana 'Contorta')*. Die weiblichen Blüten sind unscheinbar. Der etwa 5–6 m hoch werdende Haselstrauch ziert den Garten besonders im winterlichen Raureifschmuck, seine gedrehten Zweige eignen sich gut für die Vase. Ein wertvoller Winterblüher ist auch der anspruchslose Winterjasmin *(Jasminum judiflorum)*. Da sich die gelben Blütensterne am jungen Holz bilden, empfiehlt sich ein regelmäßiger Rückschnitt im Frühjahr.

Winterblühenden Stauden und Gehölze

Name	Farbe
Christrose (*Helleborus niger*)	gelbgrün
Schneeheide (*Erica carnea*-Sorten)	weiß, rosa, rot
Zaubernuss (*Hamamelis*-Arten und -Sorten)	gelb bis rot
Winterjasmin (*Jasminum judiflorum*)	gelb
Winterkirsche (*Prunus subhirtella* 'Autumnalis')	rosa
Duftschneeball (*Viburnum farreri*)	rosa
Haselnuss (*Coryllus arvella* und Sorten)	gelbgrün

Im Gemüsegarten

Im Januar ist Zeit, einen Anbauplan für das neue Gemüsejahr zu entwickeln. Man wählt Sorten aus, die ausprobiert werden sollen und bestellt rechtzeitig das Saatgut. Samenreste vom Vorjahr sollten kontrolliert und die brauchbaren beiseite gelegt werden. Da Ende Februar die Sonneneinstrahlung schon recht kraftvoll ist, kann man mit den ersten Kulturen im Kleingewächshaus beginnen, und dann muss alles gut vorbereitet sein. Trotz Schnee und Frost können Kopf- und Pflücksalat, Kohlrabi, Rettich und Radieschen angebaut werden. Zum Schutz gegen Frost deckt man die jungen Pflanzen mit einem Vlies ab. Sinken die Temperaturen nachts unter minus 7 °C, wird ein zweites Vlies darüber gelegt. Steigen die Temperaturen tagsüber über 0 °C, nimmt man es ab, denn Licht ist für das Wachstum der jungen Pflanzen wichtiger als Wärme.

Die richtige Harke

Für die Bodenbearbeitung stehen heute unzählige Geräte zur Verfügung, die jeweils auf ganz bestimmte Aufgaben abgestimmt sind. Der „Krail" sieht aus wie eine um 90° gebogene Grabgabel, mit ihm lässt sich der Boden relativ tief lockern. Der „Kultivator" dringt mit seinen 3 bis 5 verbreiterten Zinken etwa 10 cm in den Boden ein. Kultivatoren mit nur einem Zinken sind auch bekannt als „Sauzahn" und eigen sich vor allem zur Lockerung der Erde in dichten Pflanzungen.

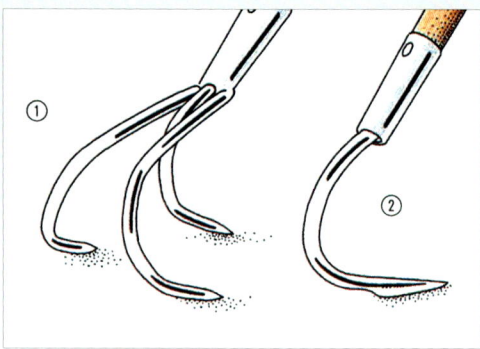

1 Grubber, 2 Krail

Die „Grabgabel" setzt man bevorzugt im Herbst zur Bodenlockerung ein. Da bei der Arbeit auf den Stiel starke Kräfte einwirken, sollte dieser besonders stabil sein. Es empfiehlt sich ein T-förmiger Griff, damit man richtig zupacken kann. Die großen, scharfkantigen Zinken der „Bügelzughacke" dienen dazu, Grasschollen abzuheben und Unkräuter auf schweren Böden und großen Flächen zu entfernen. Der „Grubber" mit seinen drei Krallen kommt am besten im Frühjahr vor der Aussaat zum Einsatz, wenn der Boden nur wenige Zentimeter tief aufgelockert werden muss.

Wächst das Gras im Januar, gedeiht es schlecht das ganze Jahr.

Im Obstgarten

Tipp

Jetzt sollte man auf schweren Böden im Kronenbereich von Obstbäumen ersten Volldünger streuen (50 g/qm). Zuvor wird der Boden aufgeraut, damit die Nährstoffe besser Bodenkontakt bekommen.

Zu einem „richtigen" Garten gehört unbedingt ein Obstbaum. Für welches Obst man sich entscheidet, hängt vom persönlichen Geschmack, vor allem aber vom Standort ab. Da Stadtgärten heute nicht mehr so groß wie in früheren Zeiten sind, wählt man besser klein bleibende Gehölze.

Früh für reiche Ernte sorgen

Die Faustregel für Obstbäume lautet: Die meisten Früchte bilden sich an möglichst waagerecht wachsenden Zweigen. An dicken Ästen von Apfel- und Birnbäumen entwickeln sich aber oft junge Holz- und Wassertriebe, die steil nach oben wachsen. Da sie zunächst nur Blätter und keine Blütenknospen bilden, werden sie häufig beim Auslichtungsschnitt entfernt. Wer neue und Früchte tragende Zweige nachziehen will, sollte einen Teil dieser Triebe weiter wachsen lassen, denn schon im nächsten Frühjahr bilden auch sie erste Blütenknospen. Durch das Gewicht der Früchte senken sich die Zweige bogenförmig ab und entwickeln im Jahr darauf noch mehr Blüten und Früchte. Ab dem dritten Jahr lässt der Ertrag langsam nach, dafür bildet sich meist genau am Scheitelpunkt des Zweiges ein neuer Jungtrieb.

Obstgehölze an Südwänden

Vor allem Birnen, Pfirsiche und Weinreben reifen hier am besten aus. Sie sind im Spätwinter allerdings durch die starke Sonneneinstrahlung und nachfolgende Nachtfröste häufig gefährdet. Mit über die Gehölze gespannten Jutesäcken lassen sich starke Temperaturgegensätze mildern und Frostschäden vermeiden. Auch die Stämmchen sollte man mit Reisig schützen.

Äpfel tragen bevorzugt am zwei- und dreijährigen Holz.

2

Februar

Hornung oder Taumond wurde der
Februar früher auch genannt, denn oft
war schon mit trügerischem Tauwetter
zu rechnen. Der zweite Monat des Jahres bringt nun schon etwas Gartenarbeit mit sich. Allerdings hängt es noch
stark von der Witterung ab, ob bereits
Gehölze geschnitten und Folienkulturen
angelegt werden können. Bei den Ziergehölzen dürfen nur die Sommer- und
Herbstblüher geschnitten werden.

Auf einen Blick

Allgemeine Gartenarbeiten
- bei mildem Wetter und offenem Boden Beete vorbereiten
- rissige Rinde an Baumstämmen entfernen
- Winterschutz überprüfen und bei anhaltend milder Witterung nach und nach entfernen
- Eigelege von Schnecken aufsammeln und vernichten
- in milden Wintern Fichten auf Befall mit Sitkalaus überprüfen

Ziergarten
- Laub entfernen
- Stauden aussäen
- Sommerblumen mit langer Vorkultur säen
- sommer- und herbstblühende Gehölze bis zum Boden zurückschneiden
- Wasserbecken und Regentonnen lehren
- bei starkem Frosteinbruch empfindliche Arten mit Reisig abdecken

Gemüsegarten
- Mulch von den Beeten abharken und kompostieren
- Mistbeet, warmes Frühbeet anlegen
- Folien zur Bodenerwärmung auflegen
- unter Folie Pflücksalat, Schnittsalat und Stielmus säen
- ins Freie Spinat, Gartenkresse säen
- letzten Feldsalat schneiden, letzten Grün- und Rosenkohl ernten

Obstgarten
- Spalierobst schattieren
- Spalierobst schneiden
- Weinspalier schneiden
- frühe Erdbeersorten mit Folientunnel überdecken
- bei Topfobst Erde kontrollieren und bei Bedarf gießen
- bei Johannisbeeren und Stachelbeeren Triebe 5 cm einkürzen, um Mehltau vorzubeugen
- Gallmilbenknospen von Johannisbeeren wegschneiden
- Fruchtmumien entfernen

Im Ziergarten

Der zweite Monat bringt nun schon wieder etwas Gartenarbeit mit sich. Allerdings hängt es noch stark von der Witterung ab, ob bereits Gehölze geschnitten werden können. Bei den Ziergehölzen dürfen natürlich nur die Sommer- und Herbstblüher geschnitten werden, die Frühjahrsblüher haben ja bereits Blüten angesetzt. In milden Jahren kann man auch schon die ersten zaghaften Blühversuche bewundern.

Pflanze des Monats

Das Schneeglöckchen (*Galanthus nivalis*) wächst wild vom Kaukasus bis zu den Alpen, auch in unseren Gärten fühlt es sich durchaus heimisch. Wer im Herbst ein paar Zwiebeln pflanzt, kann sich nach einigen Jahren über eine große Fläche Schneeglöckchen freuen, sofern sie ungestört wachsen können. Die Blüten kommen häufig schon unter der Schneedecke hervor. Sollen Schneeglöckchen jedes Jahr üppig blühen, müssen sie mit ihren Blättern Kraft tanken. Deshalb lässt man die Blätter nach der Blüte stehen, bis sie vergilbt sind.

Gehölzschnitt

Das Schneiden von Gehölzen will gelernt sein. Viele Gartenbesitzer greifen zur Schere oder Säge und schneiden unsachgemäß an Bäumen und Sträuchern herum. Grundsätzlich sollte man beim Schneiden keine Stummel stehen lassen, denn in kurze Ast- oder Zweigstücke werden keine Nährstoffe mehr transportiert. Die Wunde heilt nicht, sondern stirbt langsam ab und ist somit ein ständiger Infektionsherd. Man schneidet deshalb immer glatt am Stamm oder Ast ab. Um ein sauberes Arbeiten auch bei dicken Ästen zu gewährleisten, wendet man eine besondere Technik an (siehe Abb.). Zuerst wird der Ast von allen Zweigen befreit. Dann sägt man ihn in der Nähe des Stammes von unten bis etwa zur Mitte hin ein, um ein Splittern des herunterfallenden Astes zu verhindern (1). Anschließend wird der Ast von oben her ganz abgesägt (2). Nun lässt sich der restliche Stummel am Stamm mühelos entfernen (3). Man glättet die Wundränder und behandelt die Wunde mit Wundverschlussmittel.

(1)

(2)

(3)

Im Gemüsegarten

Folien sind im Gemüsegarten nahezu unentbehrlich geworden. Sie schützen vor kalten Temperaturen und sorgen für eine frühe bzw. verlängerte Ernte. Unter dem Schutz der Folie liegen die Temperaturen um einige Grade höher als draußen, und die Feuchtigkeit wird besser gespeichert.

Frühe Weißkohlsorten können Anfang April angebaut werden.

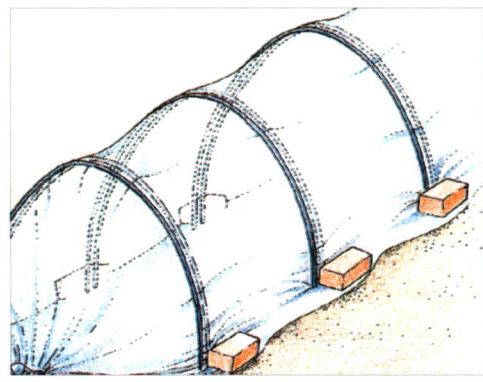

Folientunnel: Folie über Drahtbügel ziehen und seitlich beschweren. Zum Lüften Folie an der Seite hochschieben.

Dicke Bohnen als Gründünger

Der erste Gründünger, der sich auf gerade frostfreien Böden aussäen lässt, ist die Dicke Bohne. Sie übersteht Frost und Trockenheit ohne Probleme, lockert die Krume tiefgründig und reichert den Boden mit Stickstoff an. Die Samen werden alle 15 cm 6–10 cm tief in Reihen mit 60 cm Abstand gelegt. Sie keimen rasch und bilden bis Mai viel Blattmasse. Dann zerkleinert man die Triebe und lässt sie als Mulch auf den Beeten liegen.

Kohl nach Plan anbauen

Kohl ist ein ebenso gesundes wie beliebtes Gemüse. Für den Garteneinsteiger ist es bei aller Vielfalt sehr wichtig, die einzelnen Anbautermine zu kennen. Im Februar ist es für die meisten noch zu früh, aber man sollte jetzt Saatgut bestellen und die Pflanzen vorziehen. Dann ist beim Start alles parat. Frühe Sorten von Weiß- und Rotkohl, Wirsing sowie von Blumenkohl, Brokkoli und Kohlrabi kommen Anfang April in den Boden. Der günstigste Anbautermin für Rosenkohl ist Mitte Mai bis Ende Mai.

*Im Februar
zuviel Sonne am Baum,
lässt sie dem Obst
keinen Raum.*

Im Obstgarten

Eine Sonderform der Gehölzerziehung ist das Spalier. Hierbei werden die Seitentriebe bzw. Leistäste nicht in Form einer Krone rund um den Mitteltrieb oder Stamm angeordnet, sondern stehen nur links und rechts von diesem sozusagen in einer Ebene. Zur Unterstützung sind Gerüste aus Holzlatten oder Draht nötig. Die Spaliererziehung ermöglicht im Schutz einer südseitigen Wand die erfolgreiche Kultivierung empfindlicher Obstarten und -sorten auch in rauen Gebieten.

Ein Weinstock im Garten

Bereits jetzt sollte man sich Gedanken machen, ob der Garten nicht um einen Weinstock bereichert werden kann. Denn ein Weinspalier bringt nicht nur süße Früchte, sondern ist auch ein dekorativer Wandschmuck. Ist die Entscheidung für ein oder mehrere Exemplare gefallen, sollten die Spaliergerüste bis zur Pflanzzeit im April und Mai angebracht, die Pflanzgrube vorbereitet und das Pflanzgut besorgt sein. Es gibt eine Vielzahl verschiedener Sorten, von denen sich viele auch für die Gartenkultur eignen, wobei die so genannten Tafeltrauben für den Frischverzehr dienen. Da Wein selbstfruchtbar ist, kann man bedenkenlos auch einen einzelnen Stock pflanzen.

Weinspalier

März

3

Lenzmonat ist eine alte Bezeichnung für den Monat März, die darauf hinweist, dass der Frühling vor der Türe steht. Nach langen und kalten Winterwochen erwacht auch im Garten endlich die Natur. Erste Zeichen sind die leuchtenden Krokusse und das Zwitschern der Vögel in den Bäumen. Für den Hobbygärtner gibt es jetzt viel zu tun. Vor allem muss rechtzeitig mit der Aussaat der Sommerblumen und des Gemüses begonnen werden.

Auf einen Blick

Allgemeine Gartenarbeiten
- Beete vorbereiten, Boden mit Grabgabel lockern, dann glatt rechen
- Unkraut jäten
- Schneckenschutz vorbereiten

Ziergarten
- Sommerblumen aussäen
- früh blühende Stauden teilen
- Gehölze, Rosen, Stauden pflanzen
- Rosen anhäufeln, Winterschutz entfernen, schneiden
- verfilzten Rasen belüften (vertikutieren oder aerifizieren)
- Rasen ansäen
- Kübelpflanzen schneiden, wieder mehr gießen, robuste Arten können ins Freie
- Frostrisse an Bäumen schließen
- empfindliche Stauden vor Nachtfrost schützen
- abgestorbene Staudenhorste zurückschneiden, alle faulen und welken Teile entfernen
- Winterschutz nach und nach entfernen

Gemüsegarten
- Saatbeet vorbereiten
- Samen vorquellen
- Steckzwiebeln und Frühkohl pflanzen
- Knoblauch stecken
- erste Saaten pflegen

Obstgarten
- Aprikose, Pfirsich, Quitte, Weinreben pflanzen
- junge Obstgehölze stützen
- Beerensträucher pflanzen
- letzte Schnittmaßnahmen durchführen
- Erziehungsschnitt bei frisch gepflanzten Obstgehölzen durchführen
- Wintermulch und Gründüngung einarbeiten
- Erdbeeren und Beerensträucher mit Kompost versorgen
- Leimringe erneuern
- auf Baumscheiben Kompost ausbringen
- Bäume und Sträucher vorbeugend mit Schachtelhalmbrühe oder Wermutauszug gegen Pilzinfektionen behandeln

Im Ziergarten

Auch wenn die Temperaturen noch recht frostig sind, am 20. März ist es endlich soweit: Der Frühling beginnt und stimmt uns mit seiner ersten Blütenpracht aus farbenfrohen Zwiebelblumen, Stauden, Bäumen und Sträuchern heiter. An den Wochenenden zieht es uns in die Gärtnereien, um Pflanzen auszusuchen, mit denen wir in der kommenden Saison unseren Garten bereichern wollen. Auf dem Nachhauseweg sind mit im Gepäck bunte Primeln, gelbe Narzissen, duftende Hyazinthen und blaues Vergissmeinnicht.

Pflanze des Monats

Den Krokus (*Crocus vernus*) kennt man seit Jahrhunderten als Gartenblume und Frühlingsboten. Die kleinen Zwiebeln werden im Herbst in Gruppen zu 6–8 Stück ca. 8 cm tief gepflanzt. Man kann sie auf dem Rasen oder in Beeten verteilen, unter Gehölzen oder im Steingarten einpflanzen. Überall setzt jetzt der Krokus – weiß, gelb, blau und gestreift – im noch etwas kahlen Garten leuchtende Farbtupfer.

Frühjahrskur für den Rasen

Im Frühjahr braucht der Rasen eine gute Durchlüftung. Wenn infolge warmer Witterung die Gräser schon zu lang geworden sind, sollte man erst schneiden, dann lüften und zugleich düngen. Sobald die Rasenfläche abgetrocknet ist, wird sie mit einem Stahldrahtbesen kräftig durch- und abgeharkt. Bei einem jungen Rasen reicht dies meist aus. Bei älteren, verfilzten und vermoosten Rasenflächen empfiehlt sich der Einsatz eines Vertikutierrechens. Mit den kurzen, weit gestellten Messerzinken werden Grasnarbe und Boden längs und quer aufgeritzt (vertikutiert), mit den langen, engen Zinken harkt man Moos, Mährückstande und flach wurzelnde Unkräuter ab. Bei schweren Böden wird Sand aufgestreut und zusammen mit dem Rasendünger in die Krume eingearbeitet.

1 Handvertikutierer erfordern Muskelkraft.

2 Beim motorbetriebenen Vertikutierer rotieren die Messerzinken um die horizontale Achse.

Im Gemüsegarten

Mischkultur heißt nicht nur, dass auf den Beeten unterschiedliche Arten zusammenstehen, die sich gegenseitig günstig beeinflussen, es bedeutet auch, dass die Beete viel intensiver genutzt werden. Neben der Hauptkultur baut man in der Regel auch Vor- und Nachkulturen an. So kann vom zeitigen Frühjahr bis zum Winter ständig geerntet werden. Man nennt dies Kulturfolge – im Gegensatz zur jährlich wechselnden Fruchtfolge. Mischkulturen sind wenig durch Schädlinge gefährdet.

Gemüseaussaat

Damit die ersten Aussaaten optimal gelingen, wird das Gemüsebeet im Frühjahr weder umgegraben, noch tiefgründig bearbeitet. Sonst wird der harte Boden nach oben geholt, und die im Winter gereifte wertvolle Krume liegt zuunterst. Frische Saaten fühlen sich in krümeligem Boden am wohlsten. Gesiebtes Erdreich verschlämmt und verkrustet zu schnell. Die meisten Gemüsesorten keimen am besten bei einer Saattiefe von 2–3 cm. Samenbänder, Samenteppiche oder Pillensaatgut werden dagegen nur 1 cm tief ausgelegt. Die Samen streut man entweder mit den Fingern aus oder klopft sie sanft aus dem Samentütchen. Anschließend drückt man die Körner mit der Handkante leicht an und füllt die Saatrille mit lockerer Erde. Bei schweren Lehmböden deckt man die Samen fein mit reifem Kompost ab. Saaten müssen nicht unbedingt angegossen werden, die Winterfeuchte im Boden reicht in der Regel aus. Saatbänder hingegen sollte man gründlich angießen.

Manche Gemüsearten wurzeln nur flach, andere bilden tief reichende Wurzeln. Da sie Wasser und Nährstoffe aus unterschiedlichen Bodenschichten aufnehmen, treten sie nicht in Konkurrenz.

Im Obstgarten

Für frostempfindliche Baumobstarten wie Pfirsich und Aprikose ist jetzt die richtige Pflanzzeit. Zeitig im März gepflanzt haben die jungen Bäume noch ausreichend Zeit, einzuwurzeln und die Frühjahrsfeuchtigkeit für ein gutes Anwachsen zu nutzen.

Obstbäume pflanzen

Man hebt ein Pflanzloch aus, das doppelt so breit wie der Wurzelballen ist. Die Erde wird noch etwa 50 cm tief gut aufgelockert und der Aushub mit Humus angereichert. Für einen Baum schlägt man vor dem Einsetzen einen Pfahl zum Festbinden in das Pflanzloch. Das Gehölz wird senkrecht in das Pflanzloch eingesetzt und dieses mit dem Aushub aufgefüllt und mit Wasser angegossen. Sobald die Wurzeln bedeckt sind, tritt man die Erde fest und füllt das Pflanzloch ganz auf. Um die Pflanze herum wird die Erde leicht angehäufelt. Bäume bindet man nach dem Einsetzen am Stützpfahl fest.

Viel Obst auf kleinem Raum

Selbst im kleinsten Garten und auf Terrasse und Balkon lässt sich ein Obstgarten anlegen. Der Pfirsich lockt nicht nur im Sommer mit Früchten. Seine Frühjahrsblüte macht ihn zu einem regelrechten Schmuckstück. An Hauswänden fühlt sich die Kiwi besonders wohl, denn hier kann sie Sonne und Wärme tanken. Himbeeren weben mit ihren über mannshohen Ruten regelrechte Sichtschutzwände. Erdbeeren brauchen vor allem einen sonnigen Platz. In einer großen Blumenampel oder im Erdbeertopf garantieren sie ebenso reiche Ernte wie als Unterpflanzung im Kübel.

Zu zweit ist es einfacher, das Bäumchen gerade und in der richtigen Höhe auszurichten.

Nach dem Einsetzen Erde festtreten und gründlich angießen. Stamm locker an den Stützpfahl binden.

Frühes Märzenlaub dient dem Frost als Raub.

4 April

„Der April weiß nicht was er will" und ist bekannt für sein launisches Wetter. Schon am ersten Tag des Monats muss man auf der Hut sein, will man nicht „in den April geschickt" werden. Jetzt entfalten sich neben zahlreichen Blumen und Blüten auch die ersten Laubblätter der Gehölze. In milden Regionen erblühen Apfel, Birne und Kirsche, und jeder hofft, dass nicht Spätfröste die Obstblüten und damit die Ernte zunichte machen.

Auf einen Blick

Allgemeine Gartenarbeiten

- Rasenmäher funktionsbereit machen
- Wasserhähne, Regentonnen, Brunnen in Betrieb nehmen
- Bei Bedarf neuen Komposthaufen anlegen
- Unkräuter ausstechen bzw. jäten
- Mulchdecken ergänzen bzw. neu aufbringen
- bei längeren Trockenperioden gießen
- Saaten vor Vogelfraß schützen
- auf Schnecken achten
- Gartenapotheke durchsehen und auffüllen
- Nistkästen aufhängen und vor Katzen schützen

Ziergarten

- Sommerblumen aussäen bzw. vorziehen
- Stauden pflanzen, vor allem Arten, die die Herbstpflanzung schlecht vertragen
- Stauden teilen und umpflanzen
- Stecklingsschnitt bei Stauden durchführen
- Dahlien und Gladiolen pflanzen
- beste Zeit für Steingartenanlage

Gemüsegarten

- Aussaat und Vorkultur unter Folie: Salat, Blumenkohl, Kohlrabi, Bleichsellerie, Knollenfenchel
  ins Freie: Spinat, Erbsen, Rettich, Radieschen, Zwiebeln, Lauch, Mangold, Möhren, Gewürzkräuter

Obstgarten

- Beerensträucher, Kiwi, Wein, Monatserdbeeren pflanzen
- starkwüchsige Bäume kurz vor der Blüte schneiden, um das Wachstum zu bremsen
- harzende Stellen an Obstbäumen ausschneiden, Wunden sorgfältig verschließen
- auf Schädlinge achten (z.B. Frostspanner, Spinnmilben, Birnengallmücke)

Im Ziergarten

Hier lässt sich jetzt der Frühling mit allen Sinnen genießen. Die Apfelbäume stehen in voller Blüte und verströmen ihren Duft. Die Frühlingswiese zeigt sich in sattem Grün, und auf den Beeten leuchten gelbe Narzissen und bunte Tulpen.

*Bläst der April
mit beiden Backen,
gibt's reichlich zu
jäten und zu hacken.*

Pflanze des Monats

Mit ihrem üppig blühenden Flor ist die Tulpenmagnolie *(Magnolia x soulangiana)* sicher eines der auffälligsten Blütengehölze. Die aufrecht stehenden, weißrosa Blüten erinnern ein wenig an Tulpen, daher auch der Name. Neben dieser prachtvollen Hybride sollte man die ebenso eindrucksvollen anderen Magnolienarten nicht vergessen wie die weiß blühende Baummagnolie *(M. kobus)*, die Sternmagnolie *(M. stellata)* mit ihren schmalen, weißen Blütenblättern oder die Sommermagnolie *(M. sieboldii)*.

Blühende Magnolie

Blumenbeete bepflanzen

Wenn sich im vergangenen Sommer Lücken in den Blumenbeeten aufgetan haben, so ist jetzt die beste Zeit, sie zu schließen. Langlebige Blütenstauden wachsen zügig an, wenn man sie im April pflanzt. Wichtig ist eine gute Vorbereitung. Lücken in Beeten bewachsen rasch mit Unkräutern. Wildkräuter und -gräser sollte man mitsamt ihren Wurzeln sorgfältig entfernen, ehe die neuen Pflanzen gesetzt werden, sonst breiten sich Quecke und Giersch wieder aus. Man hebt nicht nur einzelne Pflanzlöcher für die Neuankömmlinge aus, sondern lockert den Boden großflächig. Dabei dürfen jedoch die Wurzeln benachbarter, bereits eingewachsener Stauden nicht beschädigt werden. Man benutzt deshalb Werkzeuge mit kleinen Arbeitsflächen, wie Handschaufeln und -krallen. Außerdem sollte man sich vorsichtig in den Beeten bewegen, damit nichts zertreten wird. Es empfiehlt sich, in größere Beete, in denen sich nicht jede Pflanze von den Rändern her erreichen lässt, Trittplatten zu legen. Sie sind auch bei der späteren Pflege hilfreich. Wenn sie nicht benutzt werden, finden Topfpflanzen darauf Platz. Beim Pflanzen ist auch die richtige Tiefe wichtig: Die Wurzeln dürfen nicht frei liegen und die Blätter nicht mit Erde bedeckt sein.

Im Gemüsegarten

Eine schöne Beetumrandung macht den Gemüsegarten noch attraktiver. Als schnellwüchsige Alternative zu Buchs eignen sich auch einjährige Sommerblumen wie zum Beispiel Ringelblume, Tagetes und Sonnenblume. Alle Arten sind gute Mischkulturpartner. Ringelblume und Tagetes vertreiben mit ihren Inhaltsstoffen auch Gemüsefliegen, Wurzelälchen und Erdflöhe. Neben Sonnenblumen wachsen Kürbisse, Gurken und Bohnen besser.

Richtige Aussaat für gesunde Möhren

Möhren und die kleinen runden Karotten reifen oft nur zögerlich. Je länger dieser Prozess dauert, desto mehr lichten sich die Reihen. Oft werden die Möhren auch viel zu dicht gesät, und die jungen Pflänzchen müssen mühsam vereinzelt werden. Beide Probleme lassen sich einfach lösen. Man lässt die Möhrensamen etwa 6 Stunden in

Die richtige Aussaat ergibt gesunde Möhren.

handwarmem Wasser quellen. Kamillen- oder Fencheltee eignet sich noch besser und macht zudem die Saat widerstandsfähiger gegen Fäulniserreger im Boden. Anschließend lässt man die Samen auf Küchenpapier trocknen. Dann werden sie mit 1–2 Handvoll Sand vermischt und wie gewohnt ausgesät.

Die Mischung macht's

Organisch-mineralische Dünger sind sehr wertvoll für den Gemüsegarten. Sie bestehen aus Horn-, Knochen- oder Blutmehl, vermischt mit mineralischen Düngemitteln. Dadurch wird ein optimales Verhältnis zwischen den Hauptnährstoffen und eine Sofort- wie Langzeitwirkung erzielt. Es besteht keine Gefahr, dass die Pflanzenwurzeln wegen Überdüngung verbrennen.

Zuckererbsen aussäen

Zuckererbsen erfreuen sich wieder zunehmender Beliebtheit. Und das nicht nur wegen ihres Geschmacks, sondern weil man die Körner nicht mühsam ausspalen muss, da Zuckererbsen samt ihrer Hülse zubereitet werden. Ausgesät wird im April in Doppelreihen. In der Mitte sollte Platz für eine Rankhilfe bleiben. Die Körner werden in 5 cm tiefe Saatrillen gelegt. Eine Vliesabdeckung beschleunigt die Keimung und schützt die Pflanzen vor Kälte und Vogelfraß. Bis die Pflanzen 80 cm hoch sind, sollte man sie immer wieder an die Rankhilfe heranführen. Vor allem zur Blütezeit und zu Beginn der Hülsenentwicklung muss für ausreichend Feuchtigkeit gesorgt werden. Nach etwa 85 Tagen wird geerntet.

Im Obstgarten

Mit der Rückbesinnung auf Ursprüngliches und Natürliches erfreuen sich heute auch wieder viele Wildobst-Arten wachsender Beliebtheit. Sie alle sind anspruchslos, kommen mit jedem Boden zurecht und erweisen sich gegenüber Krankheiten und Schädlingen als widerstandsfähiger. Die meisten stehen allerdings gerne in der Sonne. Aufwendige Dünge- und Schnittmaßnahmen wie beim Kulturobst erübrigen sich. Die Früchte sind meist nicht roh verzehrbar, eignen sich aber hervorragend für Säfte, Gelees, Marmeladen und Liköre.

Optimaler Start für Himbeeren

Ehe Himbeeren in die diesjährige Saison starten, werden die Reihen noch einmal reichlich mit gut ausgereiftem Kompost versorgt. Himbeeren sind Flachwurzler und reagieren sensibel auf alles, was auf der Bodenoberfläche geschieht. Für eine Mulchschicht aus Holzhäcksel, Laub oder Rasenschnitt sind die Pflanzen besonders dankbar. Darunter bleibt die Erde länger feucht, aufkeimendes Unkraut wird un-

Tipp

Obstbaumblüten sollte man nach einer Frostnacht frühmorgens mit dem Gartenschlauch beregnen. Das einige Grad warme Leitungswasser gefriert zu einem schützenden Eismantel und zieht den Frost aus den Blüten.

terdrückt, und man muss seltener hacken. Nach der Blüte wird nochmals gedüngt.

Brombeersträucher pflegen

Brombeeren sind frostempfindlicher als andere Strauchbeeren. Weil die holzigen Zweige gerade bei jungen Sträuchern bis zum Winter nicht genügend ausreifen, setzt man die Jungpflanzen ab Anfang April bis spätestens Mitte Juni in den Garten. Sie werden an einem Spalier aus quer gespannten Drähten befestigt. Jährlich leitet man 6–10 Hauptruten fächerförmig auf und kürzt sie auf ca. 2 m Länge ein. Nachwachsende Jungruten werden wechselweise zwischen den bereits fruchttragenden Ruten angebunden. Nach der Ernte werden alle abgetragenen Hauptruten und überzähligen Jungruten dicht über dem Boden abgeschnitten.

Himbeeren

Brombeeren

5
Mai

„Wonnemond" und „Weidemond"
waren alte Bezeichnungen für den Mai.
Der viel besungene Monat charakteri-
siert den Frühling, die Blütezeit und das
Verliebtsein. Davon zeugen Feste und
Bräuche wie der Maitanz, das Aufstellen
des Maibaums und die Wahl der Mai-
königin. Im Garten begleiten uns in den
nächsten Wochen neben dem zarten
Grün des jungen Laubs vor allem die
rosa und violetten Blüten der Rhododendren und Azaleen.

Auf einen Blick

Allgemeine Gartenarbeiten

- frisch gesetzte und aufgegangene Pflanzen bei Trockenheit gießen
- Unkraut jäten
- auf Schnecken achten, evt. Schneckenzaun aufstellen
- Dickmaulrüssler und Blattläuse bei Auftreten bekämpfen

Ziergarten

- zweijährige Pflanzen aussäen
- einjährige Sommerblumen pflanzen
- Balkonkästen bepflanzen
- Polsterstauden teilen und verpflanzen
- sommerblühende Zwiebel- und Knollengewächse pflanzen
- Verblühtes regelmäßig entfernen
- empfindlichen Arten über Nacht Frostschutz geben
- frühlingsblühende Gehölze auslichten
- Edelrosen entspitzen, Kletterrosen aufleiten
- Rasen mähen
- Kübelpflanzen ins Freie stellen

Gemüsegarten

- Aussaat und Vorkultur: Salat, Spinat, Mangold, Möhren, Rote Bete, Radieschen, Rettich, Grünkohl, Brokkoli, Busch- und Stangenbohnen, Chicorée
- Pflanzung (nach den Eisheiligen): Tomaten, Paprika, Gurken, Zucchini, Knollensellerie, Kohlrabi, Bohnen
- Ernte: frühe Salate, Schnitt- und Pflücksalat, Spinat, erste Mairüben, Radieschen, Rettich, Rhabarber

Obstgarten

- Mulch auf Baumscheiben ausbringen
- Erdbeeren mit Stroh, Holzwolle oder Pappe mulchen (auch als Vorbeugung gegen Grauschimmel
- Obstbäume wässern
- Kapuzinerkresse auf Baumscheiben säen (Fangpflanze gegen Läuse)
- gegen Apfel- und Pflaumenwickler Wellpappegürtel an Obstbäumen anbringen

Im Ziergarten

Der Mai gilt vielen Menschen als der schönste Monat des Jahres, weil nun die Natur wieder vollends erwacht ist. Laue Lüfte, warmer Regen und milde Sonne fördern das Pflanzen- und Tierleben gewaltig und lassen keinen Gärtner mehr ruhen. Inmitten der frühlingshaften Blütenpracht lässt es sich gut werkeln, und die Arbeit macht so doppelte Freude. Nach den Eisheiligen kommt dann die Gartenarbeit unter freiem Himmel voll in Gang. Vor allem müssen die vielen bunten Sommerblumen ausgepflanzt werden. Und auch „Balkonien" bekommt einen neuen Anstrich durch frisch bepflanzte Kästen und Kübel.

Pflanze des Monats

Das Maiglöckchen (Convallaria majalis) ist schon sehr lange eine Kulturpflanze und wird von vielen Gärtnereien – meist als Jungpflanze – angeboten. Es gibt inzwischen eine ganze Reihe schöner Sorten, zum Beispiel 'Grandiflora', 'Rosea' (leicht rosa getönt) und 'Plena' (gefüllt). Das dünne Rhizom breitet sich horizontal am Boden aus und bildet an der Oberseite viele Triebe, an der Unterseite feine Wurzeln. Lässt man die Pflanzen in Ruhe, dann verwildern sie und bedecken schnell größere Flächen. Maiglöckchen passen gut in einen Naturgarten, in kleinen Gruppen gepflanzt im lichten Schatten von Gehölzen und Mauern. Der Boden darf nicht zu nass und zu schwer sein. Vor der Pflanzung (im September) sollte er mit reifem Kompost verbessert werden. **Vorsicht:** Die duftende Pflanze ist in allen Teilen giftig! Gartenliebhaber mit kleineren Kindern sollten deshalb lieber auf die Blume verzichten.

Rhododendren im Farbenrausch

Die anmutigen Schönheiten aus Asien mit ihren herrlichen Blüten erobern unaufhaltsam unsere Gärten. Nie gab es so viele Sorten wie heute, unter denen sich auch zahlreiche finden, die in fast jedem Gartenboden gedeihen. Dank ihrer großen Vielfalt sind Rhododendren bei richtiger Pflege

Rhododendren

eine Bereicherung für jeden Garten. Die Pflanzen wachsen bevorzugt auf saurem Boden im lichten Schatten von Gehölzen. Die Pflanzgrube sollte 3 bis 4-mal so breit und doppelt so tief wie der Wurzelballen sein und mit einem 1:1-Gemisch aus Bodenaushub und Torferde aufgefüllt werden. Ab Ende April wird in die Erde Rhododendron-Langzeitdünger leicht eingearbeitet. Die Pflanzen müssen ganzjährig feucht gehalten werden.

Regelmäßiger Schnitt für den grünen Teppich

Viele Gartenbesitzer betrachten Rasenmähen als notwendiges Übel und schneiden ihren Rasen so selten wie möglich. Doch erst der regelmäßige Schnitt macht den grünen Teppich dicht und schön, da er die Verzweigung der Gräser fördert. Während der Hauptwachstumsperiode von April bis Juni sollte man den Rasen zweimal wöchentlich mähen. Danach reicht ein Schnitt pro Woche aus. Dabei entfernt man jeweils höchstens ein Drittel der Blattlänge, um die Gräser nicht zu schwächen. Vor allem im Sommer führen zu tiefe Schnitte zur Verbrennungen, von denen sich der Rasen nur langsam erholt. Die optimale Schnitthöhe sind 3,5 cm. Ein Zierrasen mit schmalblättrigen Gräserarten verträgt bei regelmäßiger Pflege etwas tiefere Schnitte.

1 Beim Spindelmäher arbeiten die geschwungenen Langmesser wie eine Schere. 2 Sichelmäher kappen das Gras mit rotierenden Messern.

Die Pfingstrose – edle Schönheit mit Geschichte

Die Pfingstrose *(Paeonia latiflora)* ist in unsren Gärten seit Jahrhunderten bekannt, man kann sie als eine alte Bauernblume bezeichnen. Sie blüht besonders schön

Pfingstrose

und auffallend in einer Zeit, in der der Frühjahrsflor vorüber ist und die Sommerblumen noch nicht blühen. Die Pfingstrose sollte möglicht über viele Jahre den gleichen Standort behalten und gedeiht am besten in einem tiefgründigen, lockeren Boden. Nach der Blüte ist sie für eine kräftige Düngung dankbar. Bei der Pflanzung (Frühjahr oder Herbst) ist darauf zu achten, dass die Wurzeln nicht allzu tief in den Boden gesetzt werden, sonst wartet man vergeblich auf Blüten. Die Triebknospen sollten mit der Erdoberfläche abschließen. Bis zur ersten Blüte muss man sich 2 bis 3 Jahre gedulden, kann sich aber dann viele Jahre lang über große, wunderschöne Blüten freuen.

Kübelpflanzen langsam an die Sonne gewöhnen

Sobald die Frostgefahr gebannt ist, kommen Mitte Mai alle überwinterten Kübelpflanzen nach draußen an ihren Platz auf der Terrasse und dem Balkon. Durch den langen Aufenthalt in ihrem Winterquartier sind sie jedoch starkes Sonnenlicht nicht mehr gewöhnt. Ihre Blätter würden verbrennen, wenn man sie sofort der Frühlingssonne aussetzt. Deshalb stellt man sie zunächst halbschattig und vor der

Mittagssonne geschützt auf. Wer einen ungeschützten Balkon besitzt, kann Schattierungsnetze spannen, wie sie im Garten verwendet werden. Die Haken, die man dafür in der Wand verankert, lassen sich später mit Auslegern versehen und für Blumenampeln verwenden.

Blumenampeln lassen sich vielfältig arrangieren.

Gemüse- und Blumenmix auf dem Balkon

Zur Pflanzzeit im Mai möchte auch so mancher Balkonbesitzer neue Pflanzkombinationen ausprobieren. Dabei können ruhig auch Gemüse und Kräuter zum Einsatz kommen. Wie im Bauerngarten macht sich auch im Balkonkasten eine Mischung aus Sommerblumen und Nutzpflanzen gut.

Paprika, Tomaten, Birnenmelonen, Lavendel, Rosmarin, sogar Salate fühlen sich hier wohl. In einem 1 m langen Kasten haben etwa fünf verschiedene Pflanzen Platz. Das Substrat sollte nährstoffreiche, mit etwas Lehm vermischte Blumenerde sein. Es empfiehlt sich, spezielle, kleinwüchsige Gemüsesorten zu verwenden. Dennoch sollten man nicht mehr als 3–4 Fruchtansätze an der Pflanze belassen. Tägliches Gießen und wöchentliches Düngen sind selbstverständlich.

Ampeln, die immer auf Grün stehen

Blumenampeln, so genannte „Hanging Baskets" sind von den Balkonen nicht mehr wegzudenken, seit sie aus England zu uns gekommen sind. Viele Blumenfreunde kaufen sie nicht fertig bepflanzt beim Gärtner, sondern arrangieren die Blumen selbst. Dazu legt man Metallkörbe mit Moos, Folie oder Schaumstoffmatte aus und füllt sie mit frischer Balkonblumenerde auf. Von oben und von der Seite werden dann kleine Sommerblumensetzlinge eingepflanzt. Damit die Wurzeln beim Einsetzen keinen Schaden nehmen, umwickelt man sie zuvor stramm mit Folie, damit sie sich verfestigen. Durch die Rundumpflanzung werden die Körbe im Laufe des Sommers völlig verdeckt. **Wichtig:** Täglich gießen und wöchentlich düngen!

Wenn im Mai die Bienen schwärmen, sollte man vor Freude lärmen.

Im Gemüsegarten

Die richtige Pflege von Anfang an sorgt für einen guten Saisonstart im Gemüsegarten. Die Jungpflanzen besitzen noch kein großes Wurzelwerk, ist der Boden zu trocken, stockt das Wachstum, keimende Saaten gehen sogar ganz ein. Bleibt der Regen aus, muss morgens mit feiner Brause gewässert werden. Ein verkrusteter Boden nimmt Feuchtigkeit schlechter auf und fördert die Unkrautbildung. Das lässt sich durch regelmäßiges, oberflächliches und vorsichtiges Hacken vermeiden. Bei Reihensaaten stehen die Keimlinge meist zu dicht. Man dünnt deshalb die Reihen auf den richtigen Pflanzabstand aus.

Rhabarber – was für ein Gemüse!

Rhabarber ist eigentlich ein Gemüse, wird aber wie Obst zubereitet. Seine Gartengeschichte ist eng mit der ursprünglichen Verwendung als Heilpflanze verbunden. Bis vor knapp 200 Jahren wurden hierzu nicht

Rhabarber

die Stängel, sondern nur die Blätter und bitteren Wurzeln geerntet. Von unserem heutigen Gartenrhabarber werden ausschließlich die mehr oder weniger dicken, saftigen Stängel verwendet, die Blätter enthalten Giftstoffe! Die verschiedenen Sorten unterscheiden sich durch den Gehalt an Säure und die Farbe der Stängel. Die rotstieligen Sorten sind besonders beliebt. Bei der Ernte dreht man die dicksten Stiele leicht und bricht sie dann mit einem Ruck ab. Die Knospen an den Blattachseln dürfen dabei nicht beschädigt werden. Erntereif sind die Stiele, wenn die Blattpartien zwischen den Rippen nicht mehr runzelig sind.

Monatsgemüse Aubergine

Die Aubergine *(Solanum melogena)* ist eine wärmebedürftige Pflanze und sollte deshalb einen geschützten, warmen Platz im Garten erhalten. Da die Wurzeln bis 80 cm tief reichen, muss der Boden humusreich, locker und tiefgründig sein. Gepflanzt werden Auberginen ab Ende Mai im Abstand von 60 x 50 cm. Eine Schicht aus Kompost hält den Boden gleichmäßig feucht. Im Sommer muss regelmäßig gehackt und gedüngt werden. Damit die Triebe nicht umknicken, stützt man sie mit Stäben. An jeder Pflanze sollten nur drei Haupttriebe mit je zwei Fruchtansätzen belassen werden. Die übrigen Blüten und schon sichtbaren Früchtchen werden rechtzeitig entfernt, bevor sie die Pflanze unnötig Kraft kosten. Geerntet wird Ende Juli bis Anfang August. Die Früchte sind reif, wenn sie violett glänzen und die Samenkörner im Inneren noch weich, weiß und milchig sind.

Im Obstgarten

Tipp

Wenn für Erdbeeren kein Platz mehr im Garten ist, so pflanzt man sie einfach in ein altes Fass, das mit Erde gefüllt wird. In das Fass werden seitlich Löcher gebohrt und die Erdbeerpflanzen hineingesetzt.

Die meisten Obstgehölze haben ein flaches Wurzelwerk, das sich etwa doppelt so weit wie der Kronendurchmesser ausbreitet. Die Wurzeln in Stammnähe liegen besonders dicht an der Bodenoberfläche, und hier reagieren die Bäume empfindlich auf Boden-Bearbeitungsmaßnahmen mit Spaten oder anderen Geräten. Möchte man Obstbäume mit Bodendeckern unterpflanzen, sollte man die Pflanzfläche zuvor mit einer 5–10 cm dicken Kompostschicht abdecken und dann erst pflanzen. Die Nährstoffe aus dem Kompost kommen auch den Baumwurzeln zugute. Damit man die Baumscheiben zwischen der frischen Bepflanzung nicht mehr bearbeiten muss, sollte die Fläche mit Mulch, zum Beispiel angetrocknetem Rasenschnitt, abgedeckt werden. Eine etwa 10 cm dicke Lage bleibt mehrere Wochen erhalten, unterdrückt Wildkräuter und hält den Boden feucht. Auch einjährige Kräuter wie die Kapuzinerkresse haben sich als Unterpflanzung bewährt.

Spalierobst richtig erziehen

Spalierobstbäume an sonnigen Hauswänden sind nicht nur eine Zierde, sie bringen auch reiche Ernte. Mit einem speziell geformten Jungbaum aus der Baumschule und der richtigen Schnitttechnik kommt auch der Hobby-Obstgärtner schon bald zum Erfolg. Bei der klassischen Spalierform hat die Pflanze einen Mitteltrieb, von dem in verschiedenen Ebenen auf gleicher Höhe jeweils zwei Seitenäste abzweigen. Erst wenn nach einigen Jahren alle Seitentriebe am Spalier haften und Früchte tragen, wird der Mitteltrieb entfernt. Jetzt im Frühling sind die Seitentriebe weich und biegsam, und man bindet sie waagerecht am Spalier fest. Die überflüssigen Zweige, die senkrecht nach oben streben, werden entfernt. Als Spalierobst eignen sich vor allem Birnen, Äpfel und Pfirsiche.

Birnenspalier

Juni

6

Der Juni ist der Rosenmonat. Für die Königin der Blumen findet sich selbst im kleinsten Garten ein Plätzchen, und welcher Hobbygärtner will schon auf ihren Blütenzauber verzichten. Die ersten Blüten präsentiert die Rose gegen Ende des Frühlings und läuft dann innerhalb weniger Wochen zur Höchstform auf. Ihre große Beliebtheit verdankt sie nicht nur ihrer Blütenvielfalt, sondern auch ihrem herrlichen Duft.

Auf einen Blick

Allgemeine Gartenarbeiten
- offene Bodenflächen lockern
- Mulchschichten um Jungpflanzen ausbringen
- Unkraut jäten
- bei Trockenheit gießen
- auf Schnecken achten
- Blatt- und Blutläuse, Dickmaulrüssler bekämpfen
- Netze zum Schutz vor Vogelfraß anbringen

Ziergarten
- Zweijährige im Frühbeet aussäen und schattieren
- frühlings- und sommerblühende Stauden pflanzen
- Stecklinge schneiden
- regelmäßig Verblühtes entfernen
- Zwiebel- und Knollenpflanzen einziehen lassen, nur vergilbtes Laub entfernen
- Rasen erst nach Einziehen der Zwiebelblumen mähen und ausbessern
- Blütengehölze auslichten
- hohe Stauden aufbinden
- Hecken schneiden

Gemüsegarten
- Aussaat in Freie: Spinat, Mangold, Möhren, rote Bete, Radieschen, Rettich, Rüben, Fenchel, Grünkohl, Kohlrabi, Bohnen, Radicchio
- Geiztriebe von Tomaten ausbrechen

Obstgarten
- Absenker von Beerenobst im Boden verankern
- Fruchtbehang ausdünnen
- Himbeeren auslichten

Im Ziergarten

Die zunehmend intensivere Sonne lockt aus den Sträuchern Knospen über Knospen hervor, die sich zu einem Meer von Blüten öffnen. Ein Blick in den Garten macht schnell klar, warum der Juni Rosenmonat genannt wird. Zum Blütenfest gehören auch herrliche Düfte, die nicht nur die Rosen zu bieten haben. Viele Gewürzkräuter verströmen wunderbare Aromen, die Nase und Gaumen kitzeln.

Pflanze des Monats

Der Rittersporn *(Delphinium)* ist eine alte Kulturpflanze, sie ist in fast allen Blautönen erhältlich. Die winterharte Staude mit ihren wuchtigen Blütenkolben blüht von Juni bis August. Zu den typischen Gartenritterspornen zählen die *Delphinium-Elatum*-Hybriden mit dichten, aufrechten Blütenkerzen.

Rittersporn

Die niedrigen *Belladonna*-Hybriden (8 – 140 cm) sind stärker verzweigt und wirken graziler. Der Rittersporn braucht etwas Halt, da ihn sonst der Wind umwirft. Die Pflanze gedeiht in allen Gartenböden, braucht aber einen vollsonnigen Platz und kann dort 5–8 Jahre bleiben. Schneidet man sie nach der Blüte sofort zurück und düngt, blüht sie häufig im Herbst nochmals.

Die richtige Rosenpflege

Rosen wollen gepflegt werden, vorrangig ist die Sicherung der Wasser- und Nährstoffversorgung. Vor allem frisch gepflanzte

Üppige Rosenblüte gibt es nur bei guter Pflege.

Rosen müssen regelmäßig gegossen werden. Zu Beginn der Blüte wird nochmals gedüngt, ab Mitte Juli nicht mehr, damit die Triebe zum Winter ausreifen können und genügend Frosthärte bekommen. Eine Mulchdecke ist ideal, um Unkräuter fern zu halten. Welke Blüten müssen regelmäßig entfernt werden, damit der Neuaustrieb von Knospen angeregt wird. Bei einmal blühenden Kletterrosen steht nach der Blüte der Sommerschnitt an. Die Seitentriebe werden auf zwei bis drei Augen eingekürzt. Neu gebildete Seitentriebe bleiben stehen, denn an ihnen entwickeln sich die Blüten im nächsten Jahr.

Rosenhochstämmchen veredeln

Jetzt ist nicht nur die beste Zeit, Rosen zu genießen, sondern auch um sie zu veredeln. An einer Wildrose mit geradem, kräftigem Mitteltrieb schneidet man alle Zweige in der Nähe der Veredelungsstelle in etwa 80–120 cm Höhe ab. Dann setzt man einen T-förmigen Schnitt in die Rinde und löst diese mit dem Messerrücken ab. Anschließend wird das zuvor aus dem Zweig einer Edelsorte herausgetrennte Auge eingesetzt. Sobald es fest hinter der Rinde sitzt, wird die Veredelungsstelle mit Bast umwickelt, alle Äste unterhalb entfernt man. Erst im nächsten Jahr wird die Wildrose direkt über der Veredelungsstelle gekappt und die neue Triebspitze eingekürzt.

Heckenschnitt

Ob man die Hecke einmal oder mehrmals im Jahr schneidet, hängt von der Wüchsigkeit der Pflanzen und von der Einstellung des Gartenbesitzers zu der grünen Einfriedung ab. Für einen einmaligen Schnitt ist Ende Juni/Anfang Juli günstig, wenn das Brutgeschäft der Vögel beendet ist. Weitere

Reiche Blüte durch richtige Düngung

Termine für nicht frostgefährdete Gehölze sind das Frühjahr und der Spätsommer/ Herbst. Neu gepflanzte Laubhecken werden erst ab dem zweiten, Nadelgehölze ab dem dritten Standjahr geschnitten Damit die unteren Zweigpartien im Laufe der Zeit nicht verkahlen, empfiehlt sich eine leicht konische Form, das heißt, die Hecke sollte an der Basis etwas breiter als in der Krone sein. Bei der Schnittführung hilft ein einfaches Lattengerüst mit längs gespannten Schnüren (siehe Abb.).

Balkonblumen richtig düngen

Frisch gepflanzte Balkonblumen werden bis Ende Mai über einen Düngervorrat in der Pflanzerde versorgt. Danach gibt man normalwüchsigen Pflanzen einmal, starkwüchsigen ein- bis zweimal wöchentlich und schwachwüchsigen vierzehntägig flüssigen Sofortdünger ins Gießwasser. Alternativ kann man auch einen Langzeit-Düngekegel in die Erde stecken. Er besteht aus zwei Komponenten: einem sofort wirkenden Anteil und einem Langzeitdünger, der allmählich frei gegeben wird. Ein noch im Juni verabreichter Langzeitdünger sollte die Pflanzen maximal vier Monate versorgen.

Blaues Blütenwunder im Topf

Hortensien zieren nicht nur den Garten, sondern gedeihen auch jahrelang wunderbar im Topf. Die dekorativen Pflanzen brauchen einen halbschattigen Standort und sind sehr durstig! Da Hortensien kalkarmes Gießwasser bevorzugen, sollte man möglichst nur mit weichem Regenwasser gießen. Neben den bekannten Sorten mit dicken, ballförmigen Blüten, gibt es auch schöne Hortensien mit flachen, tellerförmigen Blüten. Mit einem Spezialdünger behalten blaue Sorten ihre Farbe.

Tummelplatz für bunte Falter

Um Schmetterlingen einen kleinen Lebensraum zu bieten, kommt es auf die richtigen Pflanzen im Garten an. Blaukissen, Obstbäume, Zierobst, Ginster, Fetthenne und Herbst-Aster – vom Frühjahr bis in den Spätsommer kann ein reich gedeckter

Tipp

Viele Sträucher lassen sich einfach und schnell durch Stecklinge vermehren. Wer Geduld hat und nicht von Anfang an hohe Pflanzen will, der kann sogar kostenlos eine Hecke anpflanzen, wenn im Nachbargarten jedes Jahr in Mengen entsprechender Strauchschnitt anfällt.

Tisch für die bunten Falter bereitstehen. Als Faustregel gilt: Je weniger gefüllte Blüten im Garten locken, desto mehr Gäste finden sich ein. Denn gefüllte Blüten haben weniger Nektar als ungefüllte zu bieten. Im zeitigen Frühjahr ist der Gelbe Zitronenfalter unterwegs. Der Admiral liebt den Nektar vom Sommerflieder. Der Kleine Fuchs belagert in großer Zahl die Herbst-Astern. Das Tagpfauenauge ist bei der Suche nach Nektar nicht wählerisch.

Der Admiral besucht gern den Sommerflieder.

Im Gemüsegarten

Aromatische Kräuter sind nicht nur das i-Tüpfelchen in der Küche, sondern auch wichtig für die Haus- und Gartenapotheke, kurzum, kein Garten kommt ohne Gewürzkräuter aus. Sie können auf gesonderten Beeten im Nutzgartenbereich ebenso angebaut werden wie vereinzelt zwischen Gemüse- oder Zierpflanzen. Sie gedeihen außerdem in Kästen und Kübeln.

Würze auf die Schnelle

Wer seine Kräuter in Töpfen auf Balkon oder Terrasse zieht, hat es mit der Ernte leicht, denn der Weg zur Küche ist kurz. Stellt man fest, dass für den eigenen Bedarf an frischen Küchenkräutern (Basilikum, Schnittlauch, Petersilie etc.) zu wenig angepflanzt wurde, so kann jetzt noch schnell und bequem mit Saatscheiben nachgesät werden. Die in ein Vlies eingebetteten Samen werden auf frische Kräutererde gelegt, gut angegossen und leicht mit Erde bedeckt. Nach sechs Wochen sind die ersten Ernten möglich.

Der mobile Kräutergarten

Bodenpflege im Gemüsegarten

Die Reihen im Gemüsebeet schließen sich jetzt allmählich, Lücken bearbeitet man am besten mit der Hacke. Durch das Zerkrümeln der Bodenoberfläche wird der Wassernachschub aus dem Untergrund unterbrochen. Auf diese Weise trocknet an heißen Sommertagen nur die oberste Bodenschicht aus. Den Pflanzenwurzeln bleibt die Feuchtigkeit erhalten. Eine alte Gärtnerregel lautet: Einmal hacken spart dreimal gießen.

Kopfsalat

Feste Salatköpfe ernten

In trockenen, heißen Sommern können Salate frühzeitig in die Höhe schießen, die Blätter werden bitter und derb. Ursache ist meist mangelnde Wasserversorgung, denn trocknen die Wurzeln aus, bilden die Pflanzen frühzeitig Blüten, um vor dem vermeintlichen Absterben noch Samen zu bilden. Regelmäßiges Gießen verhindert das Schossen. Zudem sollten Salate in gut belüftete Beete gepflanzt werden. Beim Kauf auf schossfeste Sorten achten.

Im Obstgarten

In kleinen Gärten können Beerensträucher auch als Hecke oder Abtrennung zwischen Terrasse und Gartenbereich angepflanzt werden. So hat man Sichtschutz und Obstertrag.

Insbesondere bei neu gepflanzten Obstgehölzen muss auf eine ausreichende Bewässerung geachtet werden. Obstgehölze mit einem starken Fruchtbehang kann man mit einem stickstoffbetonten Dünger versorgen. Für Brombeeren und Himbeeren empfiehlt sich eine Mulchdecke. Bei feuchter Witterung hilft sie Pilzerkrankungen abzuwehren.

Apfelbäume gründlich wässern
Äpfel benötigen deutlich mehr Wasser als alle anderen Obstsorten. Nach sommerlichen Hitzeperioden werfen vor allem die Frühsorten einen Teil ihrer Früchte einfach ab. Bei den Winteräpfeln leidet der Geschmack, und die Früchte sind nicht lange lagerfähig. Außerdem bilden die Bäume weniger Blütenknospen aus, und die

Waldbeeren

nächste Ernte fällt geringer aus. Deshalb gilt die Faustregel: Lieber einmal wöchentlich gründlich wässern als häufig, aber nur wenig. Nach dem Gießen sollte der Boden bis in 20 cm Tiefe durchfeuchtet sein.

Konstant ertragreiche Ernten
Wenn Obstbäume nach einem ertragreichen Jahr im nächsten nur mehr wenig Früchte tragen, so ist dies ein natürlicher Vorgang – sie wollen Kraft sparen. Der Hobbygärtner möchte aber jedes Jahr gleich viel ernten. Dafür gibt es zwei Möglichkeiten: Man entfernt im Frühjahr einen Teil der Blüten oder dünnt (Ende Juni) den Fruchtansatz aus, wenn der natürliche Fruchtfall beendet ist. Bäume befreien sich auch selbstständig von zu viel Ballast. Man entfernt zusätzlich einige der Fruchtbüschel und dünnt die restlichen aus. Es bleiben jeweils nur 2–3 Früchte pro Büschel.

Aromatische Walderdbeeren
Jetzt im Juni wird auch die Stammform der Erdbeere, die Walderdbeere *(Fragaria vesca)* reif. Die Ernte der kleinen Früchte ist zwar etwas mühsam, aber die Mühe lohnt sich! Denn die ausgereiften Miniaturerdbeeren sind ein echtes Aromaerlebnis. Zudem bietet sich die Pflanze als hübscher Lückenfüller im Staudenbeet oder als Unterpflanzung von Obstgehölzen an.

7

Juli

Jetzt ist der Sommer auf seinem Höhepunkt, der Garten zeigt sich in einem prächtigen Gewand und liefert reiche Ernten an Obst und Gemüse. Gärtner, die vor allem die nützliche Seite ihres Hobbys genießen, kommen jetzt voll auf ihre Kosten: süße Beeren, frisch gepflückt, erfrischen nach getaner Arbeit, erntereifes Gemüse, wie zum Beispiel die verschiedenen Hülsenfrüchte, füllt Kochtöpfe, Einmachgläser und Kühltruhen.

Auf einen Blick

Allgemeine Gartenarbeiten

- offene Bodenflächen lockern
- Mulchschichten um Jungpflanzen ausbringen
- Unkraut jäten
- bei Trockenheit gießen
- auf Schnecken achten
- Netze zum Schutz vor Vogelfraß anbringen

Ziergarten

- zweijährige Sommerblumen bis Mitte des Monats aussäen
- Bartiris teilen und verpflanzen
- Verblühtes regelmäßig entfernen
- Frühsommerblüher bis zum Boden zurückschneiden (Rittersporn, Lupine)
- zweimal blühende Stauden (Phlox, Sonnenbraut) einkürzen
- sommergrüne Hecken schneiden
- Blumenwiese erstmals mähen
- Sternrußtau, Mehltau, Rost bei Rosen bekämpfen

Gemüsegarten

- Aussaat ins Freie: Salat, Spinat, Mangold, Rote Bete, Rettich, Radieschen, Rüben, Chinakohl, Bohnen, Radicchio
- Blumenkohl und Kohlrabi auspflanzen

Obstgarten

- Erdbeeren setzen
- Absenker von Erdbeeren von den Mutterpflanzen trennen
- stark tragende Zweige beim Obst stützen
- Auslichtungs- und Pflegeschnitt bei Steinobst
- Himbeerruten nach der Ernte dicht unter der Erde abschneiden
- Raupengespinste an Kern- und Steinobst entfernen
- Blattfallkrankheit bei Johannisbeeren bekämpfen

Im Ziergarten

Schon werden die Tage wieder kürzer, doch der Gartensommer verharrt noch auf seinem Höhepunkt. Er verwöhnt das Gärtnerauge mit der farbenfrohen Blütenfülle vieler Sommerblumen. Gießen, Jäten, Hacken, Mulchen, insbesondere, wenn eine Urlaubsreise bevorsteht – das sind nun die wichtigsten Gartenarbeiten im Juli.

Pflanze des Monats

Während viele Gartenzüchtungen den Duft ihrer Vorfahren verloren haben, können die Gartennelken *(Dianthus caryophyllus)* noch immer mit ihrem betörenden Wohlgeruch aufwarten. Die feurigroten Gebirgshängenelken, die bunten Blütenpompons der

Gartennelke

Landnelken und die Chabaudnelken mit ihrem romantischen Flair bringen willkommene Abwechslung ins Sommerblumen-Potpourri auf Balkon und Beet.

Gießen zum Spartarif

Wasser ist ein kostbares Gut – nicht nur im Hinblick auf den Geldbeutel – und sollte daher nicht unnötig verschwendet werden. Beim Gießen kommt es darauf an, dass das Wasser bis in den Wurzelraum der Pflanzen durchdringt und nicht nur die oberste Erdschicht durchfeuchtet. Das beste und zugleich kostenlose Gießwasser ist Regenwasser. Es lässt sich leicht in Fässern, Tonnen oder größeren Behältern direkt aus der Regenrinne auffangen.

Die wichtigsten Gießeregeln:
- Lieber weniger oft, aber durchdringend und nicht mit einem groben, sondern sanften Strahl gießen.
- Bei frisch ausgesäten Pflanzen am besten abgestandenes, leicht angewärmtes Wasser verwenden. Kaltes Wasser kühlt den Boden ab und stört den Keimvorgang.
- Bei frisch gepflanzten Sträuchern oder Stauden einen Gießring um die Pflanze legen, der langsam mit Wasser gefüllt wird.
- Am besten am Abend gießen, damit der Temperaturunterschied zwischen Boden und Wasser nicht zu groß ist. Nachts verdunstet nicht so viel Wasser, und es kann langsam in den Boden einsickern.

Verblühte Stauden jetzt teilen

Frühlingsblüher lassen sich nach der Blüte leicht vermehren. Teilt man ihre Polster oder Horste im Juli, haben die Ableger bis zum Winter genug Zeit, sicher anzuwachsen. Zunächst werden die alten Blütenstiele und die Blätter kräftig zurückgeschnitten. Dann legt man mit einer Grabgabel von den Rändern her vorsichtig ein Stück frei, sticht es ab und hebt es heraus. Die Wurzeln werden besonders geschont, wenn man die Stücke vorsichtig mit der Hand auseinander zieht. Sonst nimmt man ein Messer oder eine saubere Schere zu Hilfe. Kräftige Teilstücke werden sofort an geeigneter Stelle wieder eingepflanzt und gut feucht gehalten.

Margeriten

Bei der Teilung wird der Wurzelballen mit einem Messer oder Spaten zertrennt.

Kein Sommergarten ohne Margeriten

Wer schon als Kind gerne große Sträuße Wiesenmargeriten gepflückt hat, sollte keinesfalls auf die beliebte Margerite (*Leucanthemum maximum*) im Garten verzichten. Die großen, reinweißen Blütenscheiben sitzen auf 50–60 cm langen, straffen Stängeln. Die Pflanze sollte einen sonnigen Platz im Garten mit durchlässigem Boden erhalten. Sie kommt besonders schön zur Geltung, wenn man sie mit Rittersporn, Türkenmohn und Schafgarbe zusammenpflanzt. Die Anzucht ist einfach, Mitte Mai bis Juni wird der Samen auf einem Saatbeet ausgesät. Die Keimzeit beträgt ca. 14 Tage. Wenn die Jungpflanzen kräftig genug sind, werden sie an den vorgesehenen Standort ausgepflanzt. Auch im Rasen wirken „Margeriten-Inseln" sehr schön. Die Blütezeit dauert von Juli bis Oktober. Die Margerite ist auch eine wertvolle Schnittblume, da sie in der Vase bis zu 14 Tagen frisch bleibt.

Lebensraum Steingarten

Ein naturnah angelegter Steingarten ist ein Stück urwüchsiger Landschaft, die mit ihren typischen Pflanzen schon viele Gartenliebhaber in den Bann gezogen hat. Im Vergleich zu anderen Gartentraditionen ist der Steingarten eine relativ junge Form der Gartengestaltung. Mitte des 19. Jahrhunderts begann man erstmals mit der Sammlung und Kultivierung alpiner Pflanzen. Hierzu wurden regelrechte Miniaturausgaben berühmter Berggipfel in den Gärten nachgebaut und bepflanzt, die so genannten Alpinen. Es gibt eine Vielzahl unterschiedlichster Steingartentypen, die alle ihre eigenen Ansprüche und Merkmale haben. Heute reicht das Spektrum von naturnahen Steingärten und Geröllfeldern bis hin zu Troggärten oder der Bepflanzung von Mauerritzen. Ein Steingarten bietet das ganze Jahr über einen prachtvollen Anblick mit einer Fülle bunter Blüten, interessanter Blätter und aparter Fruchtstände und kann eine Oase naturnaher Gestaltung innerhalb eines Gartens sein.

Ärger bei der Balkonbepflanzung vermeiden

Werden Balkonkästen außen am Balkon angebracht, können Wind und Wetter daran rütteln, und es besteht die Gefahr, dass die Kästen herabstürzen. Deshalb ist es in der Regel bei größeren Wohnanlagen Vorschrift, Balkonkästen innen anzubringen. Dort nehmen sie – besonders bei kleineren Balkonen – natürlich wertvollen Platz weg. Für Mietwohnungen hat sich jedoch zwischen-

zeitlich die Rechtsprechung durchgesetzt, dass jedem Mieter eine Außenbepflanzung zusteht, sofern Dritte dadurch nicht beeinträchtigt oder gefährdet werden. Es ist deshalb für eine absolut sichere Befestigung der Kästen zu sorgen. Beim Gießen muss man selbstverständlich Rücksicht auf unterhalb liegende Wohnungen nehmen. Herunterfallende Blätter sind kein Hinderungsgrund für die Bepflanzung, aber auch hier sollte der Balkongärtner – in Interesse guter Nachbarschaft – Sorgfalt walten lassen.

Blütenfülle im Steingarten

Im Gemüsegarten

Noch herrscht Hochkonjunktur im Gemüsegarten, und es können noch einige Sommergemüse ausgesät werden. Dazu gehören Buschbohnen und Lauchzwiebeln. Julisaaten von Schnitt- und Stielmangold liefern sogar zwei Ernten: eine im Herbst und eine im kommenden Frühjahr.

Anhäufeln

Wenn man zwischen Tomaten, Gurken, Bohnen und Kohl mit der Hacke arbeitet, kann auch gleich angehäufelt werden. Man zieht die gelockerte Erde zwischen den Rei-

Durch Anhäufeln erreicht man, dass die Porreestangen weiß bleiben.

hen an der Sprossbasis heran und drückt sie etwas an. Das erhöht bei größeren und bereits schweres Erntegut tragenden Pflanzen die Standfestigkeit und fördert die Bildung so genannter Adventivwurzeln (zusätzliche Wurzeln), die der Nährstoff- und Wasseraufnahme zugute kommen.

Gemüse will gepflegt sein

Bei einigen Gemüsearten sind während ihrer Wachstumszeit spezielle Pflegemaßnahmen nötig.

- Lauch muss immer wieder angehäufelt werden, damit er längere, weiße Schäfte bildet.
- Auch Gelbe Rüben müssen angehäufelt werden, wenn sie an der Erdoberfläche zu sehen sind. Sie werden am Licht sonst grün und ungenießbar.
- Zwiebeln reifen besser, wenn 2–3 Wochen vor der Ernte das Laub seitlich abgeknickt wird.

Tomaten stäben

Tomaten sollten gleich beim Pflanzen mit einer Stütze versehen werden. Man bindet die Pflanzen nach jedem zweiten Blattpaar an der Stütze fest, damit sie aufrecht wachsen und nicht umfallen. In den Blattachseln entstehende Seitentriebe werden ausgebrochen (Ausgeizen), damit nicht unnötig Wuchskraft verloren geht. Schneidet man Mitte August den Haupttrieb ab, damit sich keine weiteren Fruchtansätze mehr bilden, werden die vorhandenen Früchte größer. Von besonders aromatischen Tomaten kann man die Samenkerne trocknen und sie als Saatgut im nächsten Jahr verwenden.

Nur in der Juliglut wird Obst und Wein dir gut.

Im Obstgarten

Eine recht ergiebige Methode ist die Vermehrung von Himbeeren durch ca. 10 cm lange Wurzelteile, die man dann im Herbst in flache Kisten mit feuchtem Sand legt.

Die Obstbäume brauchen für die Fruchtreife Wasser und Nährstoffe. Man sollte deshalb jetzt den Wurzelbereich der Obstbäume mit einer 4 cm dicken Schicht aus reifem Kompost oder mit Obstdünger auf organischer oder mineralischer Basis versorgen. Anschließend wird ausgiebig gewässert, damit sich der Dünger gut verteilt.

Pflanzzeit für Erdbeeren

Der optimale Termin für die Erdbeer-Neupflanzung liegt zwischen Mitte und Ende Juli, denn dann ist das Sortenangebot besonders umfangreich. Beim Boden nehmen es die Erdbeeren nicht so genau,

Erdbeeren

ideal ist eine humose, sandig-lehmige Erde. Besonders wichtig ist die Pflanztiefe. Der Topfballen muss mindestens 0,5 cm mit Erde bedeckt sein, damit die Wurzeln nicht austrocknen. Dabei sollte der Wurzelhals möglichst frei stehen. Nach der Pflanzung muss gut angegossen werden.

Beerensträucher durch Absenker vermehren

Brombeeren, Johannisbeeren und Stachelbeeren können im Sommer durch Absenker vermehrt werden. Man lockert den Boden und versorgt ihn mit etwas Kompost. Dann wählt man kräftige 1- oder 2-jährige Triebe aus und biegt diese in einem möglichst kurzen Bogen zur Erde herunter. Die Mitte des Triebs wird entblättert und mit einem Drahthaken so im Boden verankert, dass die beblätterte Spitze nach oben zeigt. Die „Verankerungsstelle" wird noch mit etwas Erde bedeckt. Der am Boden liegende Teil bildet im Laufe des Jahres Wurzeln aus und kann im Frühjahr von der Mutterpflanze getrennt werden.

Johannisbeeren ernten und schneiden

Jährlich zur Erntezeit schneidet man einige der ältesten, Beeren tragende Zweige (sie sind an der dunklen Rinde zu erkennen) bodennah ab, legt sie auf einen Tisch und erntet auf diese Weise mühelos die Beeren. Man lässt genau so viele junge Triebe wie alte, also 3–4, am Strauch und schneidet den Rest heraus. Nach der Ernte wird der Boden rund um die Sträucher gelockert und mit reifem Kompost gedüngt, damit die Sträucher bis zum Herbst reichlich Blütenknospen für die Ernte im nächsten Jahr ansetzen.

8

August

Wenn auch der August oft die heißesten Tage (Hundstage) bringt, so ist doch ab der Monatsmitte deutlich zu spüren, dass der Sommer sich dem Ende zuneigt. Die ersten Zugvögel versammeln sich schon zu ihrer langen Reise in den Süden. Im Garten und auf dem Balkon blühen noch unverdrossen Dahlien, im Schatten geben sich Silberkerze, Funkie und Königslilie ein Stelldichein.

Auf einen Blick

Allgemeine Gartenarbeiten
- offene Bodenflächen lockern
- Mulchschichten ergänzen
- Brachflächen mit Gründüngung einsäen
- Unkraut jäten
- bei Trockenheit gießen

Ziergarten
- früh blühende Stauden teilen und verpflanzen
- Narzissen, Blausterne, Schneeglöckchen, Märzenbecher pflanzen
- Herbstkrokus, Herbstzeitlose pflanzen
- Stecklinge von reifen Laubgehölztrieben schneiden, im Topf bewurzeln lassen oder direkt verpflanzen
- Verblühtes regelmäßig entfernen
- immergrüne Hecken schneiden
- Blumenwiese nochmals mähen

Gemüsegarten
- Aussaat in Freie: Kopfsalat, Winterkresse, Radieschen, Rettich, Spinat, Wirsing, Radicchio
- Pflanzung: Kopfsalat, Endivie, Blumenkohl, Grünkohl, Kohlrabi, Lauch
- Kohlweißling und Kohleulen bekämpfen
- Ernte: Kopfsalat, Lauch, Zwiebeln, Möhren, Rote Bete, Rettich, Radieschen, Mangold, Hülsenfrüchte und andere Fruchtgemüse

Obstgarten
- Erdbeeren pflanzen
- Obstgehölze ab Ende August nicht mehr gießen
- Auslichtungs- und Pflegeschnitt bei Pfirsich, Aprikose, und Beerensträuchern direkt nach der Ernte

Im Ziergarten

Im August richtet sich der Blick des Gärtners des öfteren sorgenvoll zum Himmel, wenn sich drohende Wolken auftürmen und vielleicht einen Hagelschlag mitbringen, der alle gärtnerischen Mühen zunichte macht. Aber erstaunlicherweise erholen sich die meisten Pflanzen nach einem solchen Unwetter sehr rasch.

Pflanze des Monats

Die einjährige Sonnenblume (*Helianthus annuus*), der Klassiker des Bauerngartens, hat in den letzten Jahren mehr und mehr Freunde gefunden und sowohl in Gärten, als auch auf Balkon und Terrasse Einzug gehalten. Die Beliebtheit der Pflanze mit ihren großen, gelben Blütenscheiben ist zum einen auf die einfache Anzucht, zum anderen auf das stetig wachsende Sortiment zurückzuführen. Die Hauptblüte der meisten Sorten ist im Juli und August, einige Sorten blühen auch bis zum Oktober. Die

Sonnenblumen fühlen sich in einem sonnigen Beet mit nährstoffreicher und kalkhaltiger Erde wohl. Sie eignen sich vor allem als Solitärpflanzen, lassen sich aber auch mit anderen Stauden und Sommerblumen gut kombinieren. Die Kerne sind ein beliebtes Vogelfutter im Winter.

Koniferen umpflanzen

Sollen Nadelgehölze umgesetzt werden, so ist die zweite Augusthälfte dafür der günstigste Zeitpunkt. Die Pflanzen dürfen allerdings je nach Art nicht älter als 5–10 Jahre sein und vor dem Umsetzen nicht zurückgeschnitten werden. Nadelgehölze müssen immer mit einem kräftigen Wurzelballen umgepflanzt werden. Man sticht mit dem Spaten einen großen Graben aus und hebt den Wurzelstock vorsichtig heraus. Dann setzt man die Pflanze in das neue Pflanzloch, füllt mit Erde auf und tritt sie gut fest. Zum Schluss wird die Baumscheibe angelegt und gründlich gewässert.

Zarte Pracht im Dunkeln

Schattige Ecken im Garten sind einerseits beliebt als Rückzugsort vor sengender Hitze im Sommer, andererseits nur zu oft Stiefkinder der Gartengestaltung. Dabei können mit geeigneten Pflanzen und ein wenig Fantasie selbst völlig schattige Plätze ins „Licht gerückt" werden. Pflanzen, die sich ans Leben im Schatten angepasst haben, weisen oft zartes Laub und hell strahlende Blüten auf. Neben vielgestaltigen Farnen gibt es eine Reihe weiterer Stauden, die einen kühlen, feuchten und schattigen Platz bevorzugen.

Schattenstauden

Name	Farbe
Christophskraut (*Actea*-Arten)	weiß
Buschwindröschen (*Anemone memorosa*)	weiß
Günsel (*Ajuga reptans*)	blau
Bergenie (*Bergenia*-Arten)	weiß, rosa, rot
Elfenblume (*Epimedium*-Arten)	weiß, gelb, rot
Leberblümchen (*Hepatica nobilis*)	lila

Bunte Lückenfüller

Zur schönsten Gartenzeit im Hochsommer zeigen sich in Balkonkästen erste Lücken. Es ist jedoch nicht nötig, den ganzen Kasten neu zu bepflanzen, man nimmt einfach die verwelkten Pflanzen heraus und ersetzt sie durch neue. Zinnien, Lobelien, Rudbeckien und Schopf-Salbei stehen jetzt in voller Blüte. Kahle Ecken lassen sich auch mit Blattschmuckpflanzen wie Efeu oder Funkien aufmöbeln. Auch Kräuter (buntblättriger Salbei) und Ziergräser (Seggen) können sehr dekorativ wirken. Auf Wochenmärkten und in Gärtnereien findet man jetzt bereits erste Herbstboten. Stiefmütterchen und Zierkohl lassen sich gut zwischen die Sommerpracht mischen. Damit diese auch noch fleißig weiterblüht, sollte man bis Mitte September alle zwei Wochen düngen und regelmäßig welke Blüten und Blätter entfernen.

Hibiskus

Mediterrane Blütenpracht

Kaum eine Pflanze sorgt in unseren Gärten für so viel mediterranes Flair wie ein blühender Hibiskus (*Hibiscus syriacus*). Mit maximal 3 m Höhe ist der Zierstrauch auch für kleinere Gärten sehr gut geeignet. Er kommt am besten in Einzelstellung oder in Pflanzgruppen mit seinesgleichen zur Geltung. Mit seiner späten und ausdauernden Blüte von August bis Oktober ist er in einer eher blütenarmen Zeit ein echter Blickfang. Der Hibiskus sollte sonnig und geschützt auf frischem, lehmigem Boden stehen. Er gilt zwar als winterhart, junge Pflanzen sollten jedoch einen Winterschutz erhalten. Man deckt den Boden mit Rindenmulch ab und packt die Pflanze mit Stroh ein.

Blühende Zaungäste

Gartenzäune sind in der Regel nicht immer eine Zierde im Garten und man würde sie oft gerne hinter einer Wand blühender Pflanzen verbergen. Anstelle von Sträuchern, die einige Jahre brauchen, um hoch zu wachsen, bieten sich hierfür Prachtstauden an. Besonders hochwüchsige Arten, die auf freier Fläche gestützt werden müssen, finden am Zaun sicheren Halt. Entscheidend für das Gelingen einer blühenden Grundstücksgrenze ist die richtige Pflanzenauswahl. Für vollsonnige Standorte eignen sich Stockrose (*Alcea rosea*), Sonnenhut (*Helenium*), Sonnenblume (*Helianthus*), Flammenblume (*Phlox paniculata*). An leicht schattigen Plätzen kommen Eisenhut (*Aconitum*), Silberkerze (*Cimicifuga*) und Wiesenraute (*Thalictrum*) in Frage. Auch mit Wicke (*Lathyrus latifolius*) und Clematis (*Clematis*-Hybriden) lassen sich Zäune dicht und schön verdecken.

Kompost feucht und warm halten

Im Inneren eines Komposthaufens wandeln unzählige Kleinstorganismen Gartenabfälle in wertvollen Humus um. Sie fühlen sich in einer feucht-warmen Umgebung am wohlsten. Der Kompost sollte deshalb möglichst geschützt und warm platziert, aber auch stets feucht gehalten werden. Dies lässt sich gut mit Hilfe einer schwarzen Folie, die man unter den Kompost legt, erreichen. Sie hält einerseits die Feuchtigkeit im Kompost und speichert andererseits die Sonnenwärme. Wichtig ist auch ein ausgewogenes Verhältnis von Kohlenstoff und Stickstoff (15:1 bis 25:1). Rasenschnitt enthält viel Stickstoff, trockene Pflanzenteile viel Kohlenstoff.

Tipp

Wer in den Ferien nur wenige Tage verreist, braucht für seine Topfpflanzen keinen „Pflanzensitter“. Es genügt, die Pflanzen an schattigen Plätzen zusammenzustellen und auf Vorrat gründlich zu gießen. Denn im Schatten ist die Verdunstung und damit der Wasserbedarf geringer.

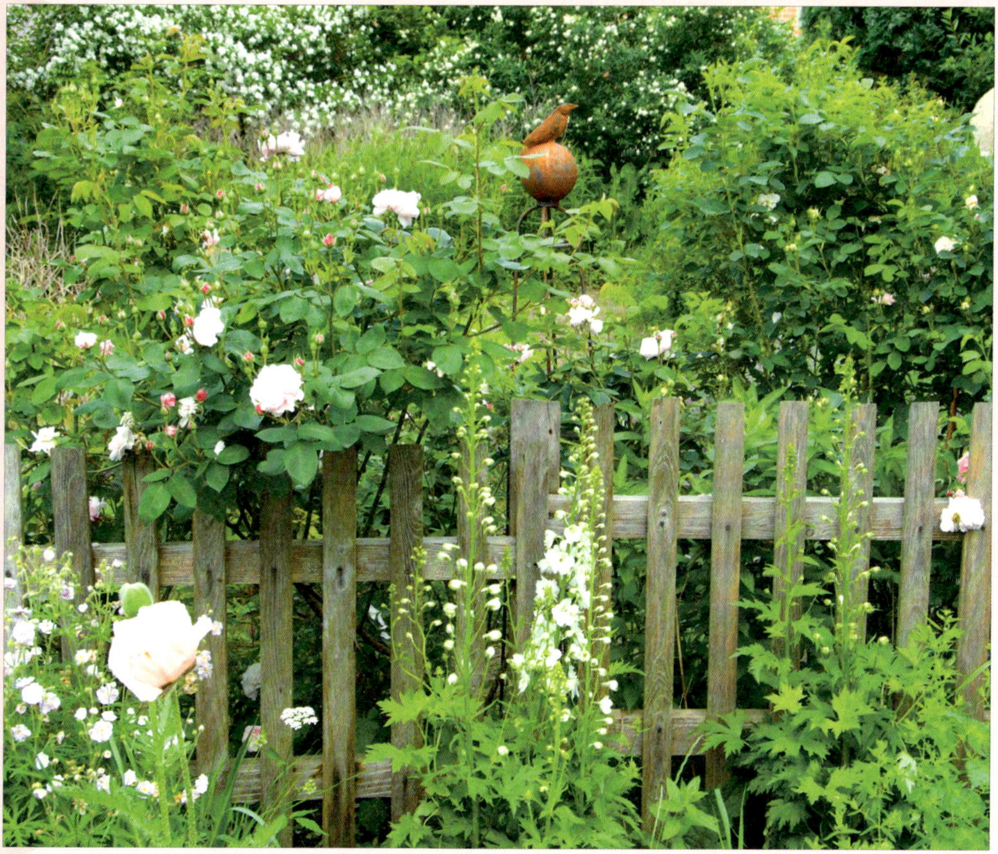

Hochwüchsige Stauden finden am Gartenzaun sicheren Halt.

Im Gemüsegarten

Der Nutzgarten liefert jetzt die üppigsten Ernten von vielerlei Gemüse. Damit die Freude daran nicht geschmälert wird, muss man ungebetene Gäste fernhalten. Schutz vor Schädlingen und Vorbeugung gegen Krankheiten sind erneut in besonderem Maße gefragt.

Boden bearbeiten hilft Wasser sparen

Auch jetzt im Hochsommer muss der Boden im Gemüsebeet gepflegt werden. Beim Hacken wird nicht nur Unkraut entfernt, gleichzeitig werden Bodenrisse und haarfeine Bodenporen, durch die das Wasser schnell an die Oberfläche gelangt, zerstört. Dort verdunstet es unter der Sonne rasch,

Paprika

der Boden dörrt aus. Werden diese Leitungen unterbrochen, bleibt die Feuchtigkeit länger für die Pflanzen im Wurzelbereich verfügbar. Ebenso sollte der Boden, bevor jetzt Blumenkohl, Brokkoli, Kohlrabi, Chinakohl, Sommersalat usw. neu gesät bzw. gepflanzt werden, nochmals gut 20 cm tief gelockert werden. Am besten eignet sich dafür eine Gabel mit vier 18–20 cm langen Zinken.

Wirsingsprosse selber ziehen

Wirsingsprosse zählen zum Zartesten, was der Gemüsegarten zu bieten hat. Das delikate und dekorative Mini-Gemüse kann ganz einfach selbst gezogen werden. Wenn die Sommerwirsingköpfe geerntet sind, sollte man die Pflanzen keinesfalls ausreißen, sondern stehen lassen. Nach kurzer Zeit bilden sich am Strunk in den ehemaligen Blattachseln neue Sprosse, die obendrein sehr gesund sind. Letzter Saattermin für Winterwirsing ist der 20. August. Ist der Platz im Gemüsegarten knapp, zieht man die Jungpflanzen in Töpfen vor und pflanzt sie ab Anfang Oktober an ihren endgültigen Platz.

Sommergemüse Paprika

Die Paprika enthält nicht nur viele Vitamine, sondern bietet sowohl farbliche als auch geschmackliche Abwechslung. Sie schmeckt roh ebenso gut wie gekocht und lässt sich vielseitig zubereiten. Am Strauch sind zunächst alle Früchte grün, erst mit fortschreitender Reife verfärben sie sich. Grün geerntet schmeckt die Paprika frisch. Rote Sorten sind deutlich süßer und haben den höchsten Vitamin-C-Gehalt. Gelbe Sorten schmecken mild und fein. Die meisten Paprikasorten stellen hohe Ansprüche an den Boden und brauchen reichlich Wärme. Für alle Sorten gilt: Nach der Blüte reichlich gießen. Ein reicher Fruchtansatz lässt sich fördern, indem man die Pflanzen mit nur 2–3 Seitentrieben erzieht und den ersten Fruchtansatz an den Triebspitzen frühzeitig ausbricht. Alle 2 Wochen wird Tomatendünger mit etwas Algenkalk oberflächlich in den Boden eingearbeitet.

Im Obstgarten

Äpfel sind das beliebteste Obst und gelten als Gesundheitsfrucht schlechthin. Der Apfel enthält insgesamt 20 Vitamine und Mineralstoffe. Der vor allem in der Schale vorhandene Ballaststoff Pektin fördert die Verdauung und senkt zu hohe Blutfettwerte. Äpfel lassen sich sehr vielseitig zubereiten, und für fast jedes Gericht gibt es die passenden Sorten.

Apfelernte mit Geduld

Wenn im August die ersten Äpfel reif werden, sollte man mit der Ernte nicht zu voreilig sein. Der optimale Geschmack und die

Erntereife Äpfel

Haltbarkeit der Früchte hängen vom richtigen Erntetermin ab. Den erkennt man an der so genannten Haftfestigkeit. Kurz vor der Vollreife bilden Apfelbäume an der Ansatzstelle des Fruchtstiels eine Korkzellenschicht als Trenngewebe (Sollbruchstelle) aus. Sie ist an einer leichten Einschnürung

zu erkennen. Jetzt lassen sich die Früchte bereits durch einen leichten Druck auf diese Stelle oder leichtes Anheben pflücken.

Spalierobst ziehen

Neben Äpfeln und Birnen lassen sich auch Pfirsiche und Aprikosen sehr gut als Spalierobst ziehen und haben so auch in einem kleinen Garten Platz. Da beide sehr früh blühen und durch Spätfröste gefährdet sind, wählt man als Standort eine Südwand oder einen von Hecken geschützten Platz. Der Boden sollte durchlässig und tiefgründig sein. Bei frei stehenden Pfirsichbäumen muss man reich tragende Äste stützen, da sie leicht brechen.

Obstbaumverbände kontrollieren

Frisch gepflanzte Obstbäume haben den Sommer über kräftig an Stammumfang zugelegt. Es wird Zeit, die Schnüre zu kontrollieren, mit denen man die Jungbäume an Stützpfählen befestigt hat. Zu stramme Achterschlaufen lockert man, ehe sie einschneiden. Die Schnüre sollten aber immer noch stramm sitzen, sind sie zu locker, kann es bei Wind zu Schürfwunden kommen. Veredlungen, die im Frühjahr vorgenommen wurden, sind nun meist gut zusammengewachsen. Ehe der Verband an der Veredelungsstelle in die Rinde einschneidet, durchtrennt man die Schutzbänder vorsichtig, sofern es sich nicht um selbst verrottendes Material handelt.

September

9

In den oft lang anhaltenden Schön-
wetterperioden des Herbstes lassen
sich gut die Vorbereitungen für den
Winter treffen. Kälteempfindliche Blumen werden von den Beeten geräumt,
die Gemüsebeete leeren sich, das ge-
erntete Obst wandert in den Vorrats-
keller. Mit den reichlich anfallenden
Gartenabfällen lässt sich schon jetzt
im Kompost der Grundstein für eine
üppige Ernte im nächsten Jahr legen.

Auf einen Blick

Allgemeine Gartenarbeiten

- Gehölzpflanzung planen
- Hügel- oder Hochbeet anlegen
- Brachflächen mit Gründüngungspflanzen einsäen
- Bodenvorbereitung für Gehölzpflanzung: Pflanzgrube ausheben, Grund lockern, Mutterboden mit Kompost anreichern
- nur noch bei längerer Trockenheit gießen

Ziergarten

- sommerblühende Stauden pflanzen
- zweijährige Sommerblumen pflanzen
- Zwiebel- und Knollengewächse pflanzen
- nach Laubfall Laubgehölze pflanzen
- zur Stecklingsgewinnung leicht verholzte Triebe von Immergrünen und Koniferen schneiden und bewurzeln lassen
- immergrüne Hecken schneiden
- Blumenwiese mähen

Gemüsegarten

- ins Freie säen: Feldsalat, Spinat
- Rhabarber pflanzen
- Lauch anhäufeln
- Tomatenreife durch Folienhauben fördern
- ausdauernde Gewürzkräuter durch Teilung verjüngen
- Gemüselager vorbereiten

Obstgarten

- Beerensträucher und Haselnuss pflanzen
- Steckhölzer von Johannisbeeren schneiden
- Auslichtungsschnitt bei Pflaume und Mirabelle
- Beerensträucher schneiden
- Leimringe an Birnbäumen anbringen
- Obstlager vorbereiten

Im Ziergarten

Auch noch im Spätsommer bietet das Pflanzenreich im Garten viel Farbe und üppige Blüte. Zu Sommerblumen wie Zinnie, Löwenmäulchen, Dahlie, Kapuzinerkresse, Sonnenblume und Glockenrebe gesellen sich Stauden wie Sonnenbraut, Goldrute, Sonnenhut, Sonnenauge, Indianernessel und die hohe Herbstaster. Dazwischen setzen Ziergräser dekorative Akzente. Diese Pracht sollte man in sonnigen Stunden von einem gemütlichen Sitzplatz aus genießen!

Pflanze des Monats

Typisch für den September sind die jetzt reifenden „Igelfrüchte" der Rosskastanie (*Aesculus hippocastanum*). Aus den dicken, grünen Stachelkugeln fallen später die braunen Samen, die als Viehfutter, aber auch in der Medizin als Bestandteil von Herz- und Kreislaufmitteln genutzt werden. Die grünen Schalen sind giftig! Bald nach dem Fall der Samen legen die mächtigen Bäume ihr golden leuchtendes Herbstkleid an.

Kastaniensamen

Immergrüne Gehölze auswählen und kaufen

Die Pflanzsaison beginnt, jetzt werden immergrüne Gehölze wie Koniferen, Ilex, Kirschlorbeer, Buchs und Rhododendron gepflanzt. Vor dem Gang in die Baumschule oder Gärtnerei sollte man bei einem Rundgang durch den Garten die Standorte für die Neuerwerbungen festlegen und dabei die zu erwartende Höhe und Breite der Bäume und Sträucher bedenken. Immergrüne Gehölze bietet der Handel in der Regel als Container- oder Ballenware an. Der Ballen sollte gut durchwurzelt und im Verhältnis zur Pflanze nicht zu klein sein. Containerpflanzen müssen von Beginn an über der Erde in den Gefäßen kultiviert werden. Auch hier sollte der Wurzelballen gut ausgebildet sein, aus dem Abzugsloch dürfen keine Wurzeln herauswachsen.

Zwiebel- und Knollengewächse jetzt pflanzen

Das Setzen von Blumenzwiebeln und -knollen zählt zu den Arbeiten, die schon eine andere Gartensaison vorbereiten. Wer sich im Spätsommer oder Herbst ein wenig Mühe macht, kann sich im Frühjahr an reicher Blüte erfreuen. Der Boden sollte durchlässig und locker sein, damit Wurzeln und Triebe gut wachsen können. Als Faustregel gilt: Zwiebeln und Knollen im Abstand von

5–10 cm etwa 3- bis 4-mal so tief pflanzen, wie sie hoch wachsen. 5–15 cm tief: Krokusse, Anemonen, Blaustern, Schneeglöckchen, Wildtulpen und -narzissen; 10–20 cm tief: Tulpen-Hybriden, Garten-Narzissen und -hyazinthen; 20–30 cm tief: Steppenkerzen, Kaiserkronen und Lilien.

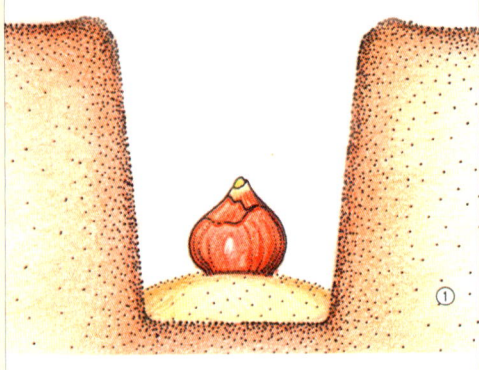

1 Pflanzloch genügend tief ausheben, bei schweren Böden Zwiebel auf eine Dränageschicht setzen.
2 Erde auffüllen, bei Herbstpflanzung Laubschicht als Winterschutz ausbringen.

Rasenlücken schließen

Nach dem Sommer zeigen sich häufig Lücken im Rasen. Zum Ausbessern auf kleiner Fläche eignen sich spezielle Mischungen, die schnell und zuverlässig keimen oder Nachsaatrasen (im Fachhandel).

Zunächst mäht man den Rasen, entfernt aus schadhaften Stellen die Unkräuter und lockert den Boden. Die Stelle wird dann mit einem Gemisch aus Sand und Kompost ausgefüllt. Darauf sät man 15–30 g Rasensamen pro Quadratmeter aus und gibt eine Startdüngung von 40 g pro Quadratmeter hinzu. In den nächsten vier Wochen müssen die Stellen gut feucht gehalten werden. Danach wird gemäht, bis zum Winter ist der Rasen wieder dicht.

Mit Kompost blüht der Garten auf

Echten Gärtnern widerstrebt es, Gartenabfälle im Hausmüll zu entsorgen. Daraus lässt sich nämlich Kompost, das „schwarze Gold des Gärtners" gewinnen. Er ist nicht nur Nährstofflieferant – viel wichtiger ist das zersetzte organische Material (Humus), das man dem Boden zuführt. Humus verbessert die Struktur sandiger Böden, indem er das Speichervermögen für Wasser und Nährstoffe erhöht. Lehmige Böden werden bei regelmäßiger Kompostzufuhr luftdurchlässiger und sind dann leichter zu bearbeiten.

Herbstschnitt für Hecken

Im September haben Bäume und Sträucher ihr Triebwachstum für dieses Jahr weitgehend beendet, jetzt ist ein günstiger Zeitpunkt für den Herbstschnitt. Man darf jedoch nur den diesjährigen Zuwachs stutzen und keinesfalls ins alte Holz schneiden. Laubgehölzhecken, die jetzt beginnen, ihre Blätter abzuwerfen, werden – wenn nötig – im Juni bzw. Juli ein zweites Mal geschnitten. Nadelgehölzhecken werden in der Regel nur einmal im Jahr getrimmt. Ist dies nicht bereits im Frühjahr zu Beginn des Austriebs geschehen, kann der Schnitt jetzt erfolgen.

Herbstbepflanzung für Balkon und Terrasse

Voraussetzung für das Gelingen der Bepflanzung und eine lang anhaltende Pracht sind kräftige, gesunde Pflanzen. Beim Kauf wählt man also gut entwickelte Exemplare aus. Bei Blühpflanzen garantieren viele Knospen den Blütennachschub. Ein Teil sollte allerdings schon geöffnet sein, zu knospige Pflanzen blühen möglicherweise gar nicht auf. Der Wurzelballen sollte feucht, keinesfalls nass sein. Vor dem Pflanzen verbessert ein kurzes Tauchbad das Einwurzeln. Nässeschäden sind die größte Gefahr für die Herbstbepflanzung. Die Abzugslöcher der Pflanzgefäße müssen stets frei sein. Eine darüber gelegte Tonscherbe verhindert ein Verstopfen. Es empfiehlt sich zudem eine bis 5 cm hohe Drainageschicht aus Blähton. Im Gegensatz zu Sommerblumen zeigt der Herbstflor kaum Zuwachs, deshalb setzt man die Pflanzen dichter.

Dahlien überwintern

Dahlien sollten im Herbst möglichst lange im Boden bleiben, da die Knospenbildung für das nächste Jahr erst einsetzt, wenn die Tage kürzer werden. Droht der erste Nachtfrost, deckt man die Pflanzen mit Zweigen ab. Ende September werden die Knollen dann endgültig ausgegraben. Man schneidet die Triebe bodennah ab und entfernt sorgfältig die Erde. Es empfiehlt sich, die Knollen nach Sorten oder Blütenfarben zu beschriften, das erleichtert das gezielte Auspflanzen im nächsten Jahr. Die Knollen legt man in eine trockene, saubere Holzkiste und stellt sie in einen kühlen, aber frostfreien Kellerraum. Nur gesunde Exemplare lagern, kranke sofort aussortieren; in den Wintermonaten regelmäßig auf Schadstellen kontrollieren.

Christrose

Christrosen pflanzen

Christ- oder Schneerosen (*Helleborus niger*) öffnen bereits um die Weihnachtszeit ihre Blüten, deren Farbpalette von Weiß bis Rot reicht. Wer noch dieses Jahr Christrosen in seinem Garten blühen sehen will, sollte sie bis Mitte September pflanzen. Sie haben dann noch ausreichend Zeit, Wurzeln zu bilden und sich gegen Kälte und Frost zu wappnen. Christrosen fühlen sich in humusreichem Boden wohl und gedeihen am besten im Halbschatten von Bäumen und Sträuchern. Nach dem Pflanzen deckt man den Boden im ersten Jahr als Frostschutz nochmals mit Laub ab. Sind die Pflanzen gut eingewachsen, kann ihnen selbst strenger Frost nichts mehr anhaben.

Blüte von Balkonpflanzen verlängern

Jetzt stehen noch viele Balkon- und Terrassenpflanzen in voller Blüte oder fangen, wie einige Kübelpflanzen, gerade erst zu blühen an. Damit man den späten Flor auch noch voll auskosten kann, sollte man die Pflanzen in rauen Lagen und bei kühler Witterung vorsichtshalber ins Haus holen. Dort, an einem hellen aber dennoch kühlen Platz, zum Beispiel im Treppenhaus, können sie noch viele Wochen weiterblühen. Nach der Blüte siedeln die Kübelpflanzen dann ins Winterquartier um.

Im Gemüsegarten

Wer aus Platzmangel nur wenige Beete anlegen kann, aber dennoch möglichst hohe Erträge erzielen will, für den empfiehlt sich die Anlage eines Hügelbeets. Das Prinzip ist einfach. Durch das vergrößerte Erdvolumen und die gewölbte Beetoberfläche ergibt sich eine nutzbare Anbaufläche, die größer ist als bei einem Flachbeet mit gleicher Grundfläche.

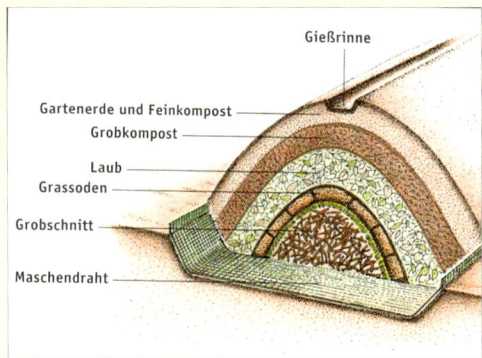

Schematischer Aufbau eines Hügelbeets; der Maschendraht soll gegen Wühlmäuse schützen.

Kragen gegen Kohlfliegen

Die Maden der Kohlfliege dringen in die Wurzeln der Kohlgewächse ein und bringen diese zum Absterben. Ein um den Wurzelhals gelegter „Kohlkragen" verhindert zwar nicht die Eiablage, versperrt den Maden aber den Weg zu den Wurzeln. Man schneidet dazu aus einem Stück sehr festem Karton etwa 20 cm große Quadrate aus und schneidet sie bis zur Mitte ein. Sie werden so unter die Kohlpflanzen geschoben, dass der Karton dicht auf dem Boden aufliegt und die Stängel fest umschließt.

Rosenkohl vor der Ernte pflegen

Ab Mitte September sollte Rosenkohl erntereif sein. Der Ertrag lässt sich deutlich steigern, wenn die Pflanzen zwei- bis dreimal von unten beginnend durchgepflückt werden. Wenn die untersten Partien abgeerntet sind, wachsen die Knospen darüber besser nach. Haben sich die Röschen bis Ende September noch nicht ausgebildet, kann das Köpfen der Pflanzen einen Wachstumsschub bewirken. Die Röschen werden dann allerdings sehr locker. Das Ausbrechen (Ausgeizen) der Triebspitzen ist deshalb nur eine Notmaßnahme. Zur Vorbeugung regelmäßig gießen, damit die Röschenbildung nicht stockt.

Rosenkohl

Wenn's im September blitzt und kracht, gibt's eine späte Blütenpracht.

Im Obstgarten

Heimische Obstarten wie Äpfel, Birnen, Pflaumen, Kirschen und Beerensträucher können im Herbst gepflanzt werden, solange der Boden frostfrei ist. Bei wärmebedürftigeren Arten wartet man besser bis zum Frühjahr. Auch beim Obst empfiehlt sich ein Fruchtwechsel. Kern- und Steinobst sollte deshalb nicht wiederholt am selben Standort gepflanzt werden.

Äpfel aus dem eigenen Garten

Von allen Obstarten in Europa hat der Apfel die größte wirtschaftliche Bedeutung, über Jahrtausende wurden zahllose Sorten gezüchtet. Den Höhepunkt erreichte die Geschmacksvielfalt Ende des 19. Jahrhunderts, 1871 wurden auf einer Obstschau in Reutlingen 3000 verschiedene Apfelsorten vorgestellt. Den Anforderungen des modernen Obstbaus werden diese alten Züchtungen natürlich nicht mehr gerecht. Vor allem regional verbreitete Sorten sind größtenteils in Vergessenheit geraten. Einige alte Apfelsorten, zum Beispiel 'Cox Orange' oder 'Geheimrat Oldenburg', erleben jedoch seit einigen Jahren eine erstaunliche Renaissance, zumal die alten Apfelsorten relativ geringe Standortansprüche stellen.

Zwetschen, Pflaumen, Mirabellen

An ihnen hat jeder Gartenbesitzer Freude. Denn diese Obstsorten sind wuchsfreudig, bringen reichen Früchtesegen und sind weniger anfällig gegen Schädlings- und Krankheitsbefall als Äpfel und Birnen. Die reifen Früchte eignen sich nicht zum Lagern. In Marmeladen, Mus, Säften und

Das für den sofortigen Verzehr bestimmte Obst muss getrennt vom Lagerobst aufbewahrt werden, da sonst die Ansteckungsgefahr durch Fäulnis zu groß ist.

Plaume

Obstbränden bleibt ihr Aroma erhalten. Zwetschen nennt man Sorten mit violetten, länglichen, ungefurchten Früchten mit einem leicht löslichen Stein. Pflaumen reifen meist früher, sind größer, runder und längs gefurcht. Das Fruchtfleisch ist süßer und saftiger, der Stein lässt sich nur schwer herauslösen. Mirabellen sind gelb, viel kleiner, kugelrund, der Stein löst sich leicht.

Rebenpflege vor der Weinernte

Nicht nur in den Weinanbaugebieten läuft im September die Weinernte auf Hochtouren. Auch in den Hausgärten reifen jetzt die Trauben aus. Damit sie auch richtig süß und saftig schmecken, sollten sie noch einmal richtig Sonne tanken. Es empfiehlt sich deshalb, nochmals überflüssige Seitentriebe sowie Blätter, die unnötig Schatten auf die Trauben werfen, zu entfernen. Damit die Vögel den Ernteertrag nicht erheblich schmälern, sollte man die Trauben mit Gazesäckchen schützen.

Oktober

10

Die braun glänzenden Kastanien und roten Lampionblumen kündigen den Herbst an. Die ersten Blätter fallen leise von den Bäumen, und die Ziergräser wiegen sich im Herbstwind. Die Pflanzen haben sich schon weitgehend für die Winterruhe gerüstet. Im Gemüse- und Obstgarten werden die letzten Ernten eingebracht, bei richtiger Lagerung sorgen sie bis weit in den Winter für Nachschub in der Küche.

Auf einen Blick

Allgemeine Gartenarbeiten

- Rasenmäher gründlich reinigen
- Laub rechen, kompostieren oder zum Mulchen verwenden
- Balkonkästen leeren und reinigen
- Winterschutzmaterial bereithalten
- Boden mit Grabgabel lockern, dabei Unkraut entfernen, dann mit Kompost düngen und abschließend mulchen
- neu geplante Beete vorbereiten, mit Gründüngung ansäen
- Schlupfwinkel (Reisig- und Laubhaufen) für Nützlinge anlegen

Ziergarten

- herbstblühende Stauden pflanzen
- Laubgehölze pflanzen und an Pfähle binden
- Rosen pflanzen (Triebe nicht einkürzen)
- Spätsommer- und Herbstblüher bis auf den Boden zurückschneiden
- Edelrosen anhäufeln
- immergrüne Gehölze gründlich wässern
- Rasen zum letzten Mal mähen
- Kübelpflanzen einräumen

Gemüsegarten

- ins Freie säen: Feldsalat, Spinat
- spät angebaute Gemüse mit Folie abdecken (verkürzte Reifezeit)
- erntereifen Spitzkohl in einem möglichst kühlen, frostfreien Raum einlagern
- Gemüselager kontrollieren

Obstgarten

- Auslichtungs- und Pflegeschnitt bei Kernobst
- mit Obstbaumkrebs befallene Bäume behandeln, Krebsstellen ausschneiden
- Leimringe anbringen
- Obstlager kontrollieren

Im Ziergarten

Fächerahorn mit Herbstlaub

Die Tage sind merklich kürzer, und wenn auch die Oktobersonne noch für warme Stunden sorgt, so können sich bereits die ersten Nachtfröste einstellen. Neben dem leuchtend bunten Laub der Bäume kann sich der Gärtner auch an der Farbenpracht verschiedener Herbstastern und Dahlien freuen. Und es gibt auch einiges zu tun im Garten, denn er muss auf den Winter vorbereitet werden. Außerdem ist jetzt der ideale Zeitpunkt für die Pflanzung von Stauden und Gehölzen.

Pflanze des Monats

Der Ahorn (*Acer*) ist an seiner charakteristischen Blattform zu erkennen, sein Name leitet sich von den spitzen Blattzipfeln und Einschnitten in den Blättern her. Die vielgestaltigen Arten bestechen durch ihre schönen Kronen und das attraktive Laub. Während ihrer frühen Blüte sind Ahorne gute Bienenweiden. Ihr Herbstlaub präsentiert sich leuchtend golden, feurig orange oder intensiv rot.

Kübelpflanzen überwintern

Mit wenigen Ausnahmen müssen alle Kübelpflanzen vor Minusgraden geschützt werden. Das gilt auch für an sich frostharte Pflanzen, deren Wurzelballen im Gefäß nicht so geschützt ist wie in freier Erde. Der ideale Winterstandort für fast alle Balkon- und Kübelpflanzen ist hell, luftig und 5–10 °C kühl. Obwohl der Wasserbedarf im Winter sehr gering ist, dürfen sie nicht austrocknen. Andererseits sollte man im Winter keinesfalls auf Vorrat gießen, richtig ist eine regelmäßige, aber sparsame Versorgung. Es genügt, wenn der Erdballen nur leicht befeuchtet wird. Vor jeder neuen Wassergabe muss er gut abtrocknen, damit die Wurzeln nicht ständig nass sind und verfaulen. Gedüngt wird im Winter auf keinen Fall, überwinternde Pflanzen brauchen während ihrer Ruhezeit bis März keine Nährstoffe. Sauberkeit und Hygiene sind unverzichtbar, damit sich während der Winterruhe der Pflanzen keine Schädlinge einnisten oder Krankheiten entwickeln. Man entfernt deshalb regelmäßig herabgefallenes Laub und kontrolliert die Pflanzen wöchentlich auf Schädlinge. Bei Befall muss sofort behandelt werden.

Herbstputz im Blumenbeet

Jetzt werden Rittersporn, Sonnenauge, Flammenblume und Schafgarbe bis kurz über dem Boden zurückgeschnitten, das fördert den Neuaustrieb im Frühjahr. Die zerkleinerten Stängel kann man an Ort und Stelle als Mulch streuen. Pflanzen mit dekorativen Fruchtständen und Ziergräser schneidet man jetzt noch nicht zurück, ihren Schmuck kann man bis zum Frühling genießen. Viele Samen bilden im Winter eine wertvolle Nahrungsquelle für Vögel. Die abgestorbenen Triebe schützen die Wurzeln der Stauden vor Frost. Pflanzen, die nach 3–4 Jahren blühfaul geworden sind, können jetzt ausgegraben und geteilt werden. Aber nur die jungen, kräftigen Teilstücke wieder einsetzen.

Im Gemüsegarten

Auf leeren Beeten wird noch einmal Mist und Rohkompost eingearbeitet, wenn dort nächstes Jahr Starkzehrer vorgesehen sind. Im Winter deckt man dann die Beete mit einer dicken Mulchschicht ab.

Monatsgemüse Schwarzwurzeln

Schwarzwurzeln gehören mit zum Feinsten, was der Gemüsegarten zu bieten hat. Sie haben allerdings eine lange Vegetationszeit und beanspruchen ihren Platz im Gemüsebeet von März bis November. Sie brauchen einen lockeren und humosen Boden. Gesät werden die einjährigen Pflanzen ab Mitte März in Reihen mit 30 cm Abstand. Im Sommer muss gehackt, gejätet und bei Trockenheit gewässert werden. Vor der Saat düngt man mit gut ausgereiftem Kompost. Geerntet werden die frosttoleranten Schwarzwurzeln ab Ende Oktober. In milden Lagen und bei sandigem Boden kann man die Pflanzen auch bis zum Frühjahr im Boden lassen und in Etappen ernten. Allerdings ist dann darauf zu achten, dass sich nicht Wühlmäuse über die Leckerbissen hermachen.

Kürbis – rund und gesund

Von kaum einem anderen Gartengemüse gibt es so viele Sorten und verschiedene Zubereitungsarten. Wie gesund Kürbisse sind, ist noch viel zu wenig bekannt. Im Gegensatz zu den Sommerkürbissen wie Zucchini müssen Winterkürbisse so lange auf dem Beet ausreifen, bis der Stiel hart und holzig ist. Nach der Ernte lässt man die Früchte an einem sonnigen Platz auf der Terrasse noch ein bis zwei Wochen nachreifen und holt sie dann ins Haus. In

Kürbisse

einem luftigen, nicht allzu kühlen Raum kann man sie nun wochenlang aufbewahren. Kürbissorten mit tief orangefarbenem Fleisch enthalten wesentlich mehr gesundes Beta-Carotin als die gelbfleischigen Sorten und übertreffen dabei sogar die Möhren. Vitamin C und E sind ebenfalls reichlich im Kürbisfleisch enthalten.

Gemüse einlagern

Lagergemüse sollte gut von anhaftender Erde befreit, trocken und unbeschädigt sein. Vor dem Einlagern nicht waschen! Möhren, Sellerie und Rote Bete halten sich, lagenweise in Sand eingeschlagen, viele Wochen knackfrisch. Vor dem Einlegen wird das überflüssige Kraut entfernt, ohne dabei die Wurzel zu beschädigen. Lauchstangen kann man zu 2/3 in einen Eimer mit Sand stecken. Darauf achten, dass die Lauchstangen trocken sind. Kartoffeln können in Kisten übereinander gelagert werden. Sie sollten aber abgedunkelt werden, damit sie nicht frühzeitig anfangen zu keimen. An Kohlköpfen lässt man noch einen kleinen Teil des Wurzelstrunks stehen, entfernt alle nicht dicht anliegenden Blätter und legt die Köpfe mit dem Strunk nach unten ins Regal.

Im Obstgarten

Tipp

Die Haltbarkeit von Äpfeln und Birnen lässt sich verlängern, wenn man die Früchte kiloweise in Gefrierbeutel packt, in die man zuvor mit einem Papierlocher Löcher gestanzt hat.

Die sanften Strahlen der Herbstsonne verleihen auch den späten Früchten noch ein süßes Aroma. Da die Arbeit im Garten nachlässt, kann man sich jetzt genüsslich der Ernte widmen. Die aromatischen Monats-Erdbeeren fruchten unermüdlich von Juni bis in den späten Herbst. Pflaumen- und Zwetschen-Sorten, die erst im Herbst reifen, haben ein sehr festes Fruchtfleisch und schmecken besonders süß. Blaue Weintrauben lagern während der Reifezeit den rot-violetten Farbstoff Anthocyan ein. Herbsthimbeeren können noch bis zum ersten Frost ausreifen.

Pflanzschnitt bei Obstbäumen

Frisch gekaufte Obstbäumchen sollten – auch wenn es schwer fällt – gleich beim Pflanzen kräftig zurückgeschnitten werden, um die Kronen zur besseren Verzweigung anzuregen. Man kann diesen Rückschnitt auch gleich in der Obstbaumschule vornehmen lassen. Der Haupttrieb wird oberhalb einer Knospe eingekürzt, die zur Kronenmitte hin gerichtet ist. Die Seitentriebe schneidet man etwa um die Hälfte zurück und wählt dabei Knospen aus, die zum Kronenäußeren zeigen. Äste, die den optimalen Kronenaufbau von 4–5 Ästen stören, werden ganz entfernt. Auch die Wurzeln sollten beim Pflanzen leicht eingekürzt werden.

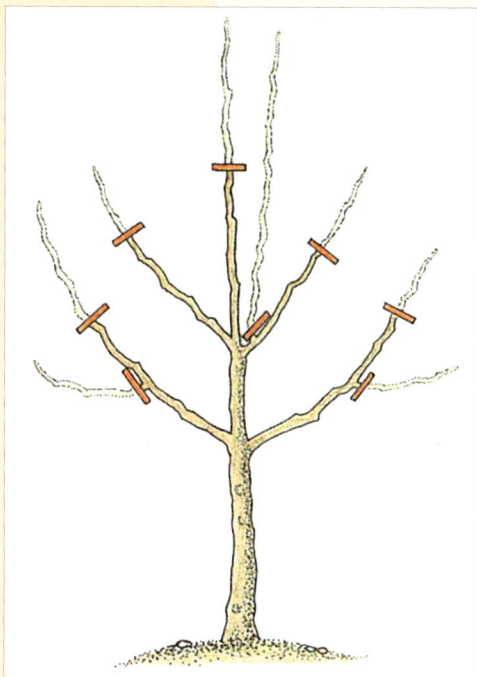

Pflanzschnitt: 3–4 Leitäste stehen lassen, Konkurrenztriebe entfernen, Mitteltrieb und Leittrieb einkürzen

Ernte- und Pflanzzeit für Preiselbeeren

Gartenpreiselbeeren fruchten zweimal im Jahr – im Sommer und im Herbst. Die Haupterntezeit ist im Oktober/November. Die kleinen, roten und kältefesten Beeren bleiben lange an den Büschen hängen und haben somit natürlich auch einen dekorativen Wert. Gepflanzt werden die Preiselbeersträucher zur gleichen Zeit wie die Haupternte. Sie bevorzugen einen sonnigen und nicht zu heißen Standort sowie einen leicht sauren, humusreichen Boden, dem man beim Pflanzen Rhododendronerde und Sand untermischt.

November

11

Draußen wird es zunehmend grau, trüb und nebelig. Das Gartenjahr neigt sich dem Ende zu, und man denkt wehmütig an die leuchtenden Farben des Sommers. Der Garten wird aufgeräumt und „winterfest" gemacht. Wenn es draußen kaum noch etwas zu tun gibt, ist die Zeit gekommen, die vergangene Gartensaison Revue passieren zu lassen und vielleicht schon ein paar Ideen für das nächste Gartenjahr zu sammeln.

Auf einen Blick

Allgemeine Gartenarbeiten
- Wasser abstellen, Leitungen und Schläuche entleeren
- bei einsetzendem Frost Winterschutz auflegen
- Laub rechen, kompostieren oder zum Mulchen verwenden
- gegebenenfalls Bodenanalysen durchführen lassen

Ziergarten
- Gehölze und Rosen pflanzen, mit Winterschutz versorgen
- Staudenbeete und Rabatten mit einer 1–2 cm dicken Schicht Komposterde, Rindenmulch oder Laubstreu überziehen
- überwinternde Blumenzwiebeln und -knollen regelmäßig auf faule Exemplare kontrollieren und diese aussortieren

Gemüsegarten
- Frühbeet mit Noppenfolie oder Brettern vor starkem Frost schützen
- Beete mit Sauzahn tief lockern und Erde anschließend mit einer dicken Mulchschicht aus Laub überziehen
- Gemüselager kontrollieren

Obstgarten
- Steckhölzer von Beerenobst schneiden (erst nach vollständigem Laubfall)
- Kernobst zurückschneiden, wenn starker Austrieb gewünscht ist
- Baumscheiben mulchen
- Bakterienbrand bei Obstbäumen bekämpfen
- Obstlager kontrollieren
- Verjüngungsschnitt bei Obstbäumen

Im Ziergarten

Tipp

Wer jetzt einen überalterten Strauch oder Baum durch einen neuen ersetzt, sollte nicht die gleiche, sondern eine andere Gehölzart pflanzen, da die Erde einseitig ausgelaugt sein kann (Bodenmüdigkeit).

Die sommergrünen Gehölze haben weitgehend ihr sommergrünes Kleid abgeworfen, und die meisten Stauden ziehen sich bis zum nächsten Frühjahr ins Erdreich zurück. Nur noch wenige Herbst-Chrysanthemen trotzen mit ihren bunten Blüten dem grauen und nebeligen Wetter oder der Kälte erster Nachtfröste. Dann glitzert am nächsten Morgen in der Sonne der Raureif auf den Blüten oder den Blättern immergrüner Gehölze wie Rhododendron und Kirschlorbeer.

Pflanze des Monats
Die Schlehe (*Prunus spinosa*) ist ein sparriger, dorniger Strauch. Seine blauen Beeren sind schon lange ein beliebtes

Schlehe

Wildobst. Man erntet sie erst, wenn die bittere Fruchtsäure durch die ersten Fröste in Zucker verwandelt wurde. Dann eignen sich die Früchte zur Herstellung von Wein, Schnaps, Saft und Kompott.

Herbstputz im Garten
Sobald das Laub der Bäume die Beete und den Rasen bedeckt, ist es Zeit für den „Hausputz" im Garten. Wo Bäume und Sträucher stehen, fallen große Mengen Laub an, dessen Beseitigung oft Probleme bereitet. Vor allem vom Rasen muss das Laub entfernt werden, da es ansonsten Kahlstellen gibt. Auf den Beeten kann man das Laub ruhig liegen lassen, die Pflanzen erhalten so einen naturnahen Winterschutz. Außerdem bietet die Laubschicht vielen Tieren ein Winterquartier. Grundsätzlich lässt sich Herbstlaub kompostieren. Die Blätter von Eiche und Walnuss enthalten zersetzungshemmende Stoffe und verrotten daher nur langsam. Ein Rasenmäher mit Fangkorb eignet sich ebenfalls zur Laubentfernung. Er zerkleinert das Material und reichert es mit stickstoffhaltigem Grasschnitt an.

Im Gemüsegarten

Ein lockerer, gut durchlüfteter Boden kann die Winterniederschläge besser aufnehmen, verschlämmt nicht so leicht und kann sich im Frühjahr rascher erwärmen. Schwerer, lehmiger Gartenboden lässt sich deutlich verbessern, wenn man die Gemüsebeete im Herbst spatentief umgräbt. Fröste können dann tief in die Erde eindringen, und bis zum Frühjahr zerfallen die groben Schollen in feine Krümel. Für eine dauerhafte Lockerung sorgt eine Kompostgabe im Frühjahr und Einsaat einer Gründüngung während der Wachstumszeit.

Chicorée

Kräuter überwintern

Die meisten Kräuter können den Winter über auf ihrem Platz im Kräuterbeet bleiben. Rosmarin und Lorbeer im Topf allerdings dürfen nur in sehr milden Regionen in einer windgeschützten Ecke im Freien überwintern. Sobald sich anhaltend strenger Frost einstellt, holt man sie ins Haus und stellt sie in einen hellen, kühlen Raum (6–10 °C). Für viele andere Kräuter aus mediterranen, klimamilden Gegenden legt man im Herbst Reisig bereit, falls der Winter strenge Fröste bringt. So sind zum Beispiel Estragon, Origano, Salbei, Berg-Bohnenkraut nicht sicher winterhart.

Saisonbeginn für Chicorée

Die Sprosse aus der Zichorienwurzel zählt zu den feinsten Wintergemüsen. Im Spätherbst nimmt man die Wurzelrüben aus dem Beet und lässt sie samt Laub an einer geschützten Stelle abtrocknen. Dann trennt man das Laub 4 cm über dem Rübenkopf ab und steckt die Wurzeln zum Treiben abgedeckt bei 3 °C in feuchte Erde. Es sollte nie mehr getrieben werden, als man innerhalb von zwei Tagen verbrauchen kann. Die zarten, bleichen Treibsprossen werden von den Wurzeln gebrochen, wenn sie etwa 15 cm lang und noch fest verschlossen sind.

Wenn im November die Bäume blühn, wird sich der Winter lange ziehn.

Im Obstgarten

Viele Obstgehölze lassen sich einfach durch Steckhölzer vermehren. Man schneidet im Spätherbst und Winter junge, aber bereits verholzte 20–30 cm lange Triebstücke zurecht. Das obere Ende wird gerade, das untere leicht schräg angeschnitten. Dann steckt man die Hölzer möglichst tief und senkrecht in Töpfe mit lockerer Erde. An einem hellen, kühlen Platz im Haus bilden sie noch im Winter Wurzeln. Im Frühjahr werden sie in den Garten gesetzt, wo sie bald austreiben.

Kälteschutz für junge Erdbeeren

Unsere heutigen Erdbeersorten stammen von Wilderdbeeren ab, die zum Teil in Südamerika beheimatet sind. Deshalb benötigen viele Züchtungen viel Licht, Wärme und Feuchtigkeit. Auf extreme Kälte rea-

Obstlager

Tipp

Dauerfrost bekommt den jungen Obstgehölzen nicht, zumal der Boden dadurch austrocknet. Hier hilft eine dicke Schicht Pferdemist, die man auf die Baumscheibe packt. Sie hält warm und schützt vor Austrocknung. Der Mist darf allerdings nicht mit dem Stamm in Berührung kommen. Man umwickelt ihn am besten mit Stroh oder Jute.

gieren sie sehr empfindlich. Pflanzt man die Erdbeeren rechtzeitig im August, sind sie jetzt bis 50 cm tief im Boden verwurzelt und somit gut geschützt. Bei klimatisch ungünstigen Regionen und verspäteter Pflanzung sollten die Pflanzreihen jetzt mit Fichtenreisig abgedeckt werden. Dabei steckt man die Zweige dachziegelartig in den Boden, damit sie nicht vom Wind weggetragen werden.

Obst einlagern

Nur unbeschädigtes, sauberes, trockenes Obst kann gelagert werden. Zum Lagern eignen sich flache Holzkisten, in denen man die Früchte in einer Lage nebeneinander auslegt, sodass sie sich nicht berühren. Äpfel muss man getrennt von anderem Obst und von Gemüse aufbewahren, denn sie scheiden ein Gas (Ethylen) aus, das als Pflanzenhormon wirkt und andere Früchte schneller reifen lässt. Bei Äpfeln unterscheidet man zwischen Herbstsorten, die etwa bis Dezember lagerfähig sind, und Wintersorten, die bis ins Frühjahr haltbar bleiben. Die Früchte sollten regelmäßig kontrolliert werden.

12

Dezember

Das Gartenjahr ist zu Ende, ab und zu sollte man den Winterschutz an empfindlichen Pflanzen kontrollieren und eventuell erneuern. Jetzt kommen die immergrünen Laub- und Nadelgehölze zu großen Ehren. Sie geben dem ansonsten kahlen Garten noch Farbe, ein beständiges, attraktives Gerüst und liefern in der Weihnachtszeit Schnittgrün für Kränze und Gestecke und natürlich auch den Christbaum.

Auf einen Blick

Allgemeine Gartenarbeiten

- Gartengeräte reinigen, einfetten und einräumen
- Gartentagebuch auswerten
- Ideen für neue Gartenplanungen sammeln
- Vogelfütterung vorbereiten

Ziergarten

- Stämme von Ziergehölzen schattieren
- alle Pflanzen zusammenbinden, die unter der Last schwerer Schneedecken nachgeben, auseinander gedrückt werden oder brechen
- Stämme von Rosenbäumchen niederbinden und mit Erde abdecken
- Pflanzgefäße, die im Freien bleiben, auf Ziegesteine stellen, damit das Wasser ablaufen kann

Gemüsegarten

- an frostfreien Tagen Feldsalat, Spinat und Winterportulak schneiden, Schwarzwurzeln und Meerrettich ausgraben
- Wintergemüse im Frühbeet und Folientunnel an milden Tagen lüften
- Gemüselager kontrollieren und lüften

Obstgarten

- die Stämme von Obstbäumen mit Drahtmanschetten, Reisig oder Naturfasermatten gegen Wildverbiss schützen
- Baumrinden kalken, um Frostrisse zu vermeiden
- Winterschnitt bei Sauerkirsche, Johannisbeeren und Stachelbeeren
- Leimringe kontrollieren
- Baumscheren gründlich reinigen und desinfizieren
- Obstlager kontrollieren und lüften

Im Ziergarten

Wenn der Rasen von Regen und Schnee nass ist, sollte man ihn möglichst wenig betreten, da die Graswurzeln unter dem Druck leiden. Den Rasen erst strapazieren, wenn er abgetrocknet ist.

Wenn im Spätherbst die letzten Farben des Sommers verblassen, verändert sich über Nacht die Welt. Im Zauber eines frostigen Morgens erstrahlt die Natur in frischem Glanz: Glitzernder Raureif überzieht Gräser und Baumspitzen. Ein erster Hauch von Winter liegt in der Luft, es wird kälter und in der Natur kehrt Ruhe ein. Die Bäume haben ihr Laub abgeworfen, Grau und Braun sind nun die bestimmenden Farben, und nur mehr einzelne Blüten sorgen für ein paar Farbtupfer.

Ein Garten nach Wunsch

Wer noch von seinem Wunschgarten träumt, der hat jetzt im Winter Zeit und Muße, sich damit zu befassen. Der erfolgreichen Gartengestaltung geht immer eine gute Planung voraus. Zunächst erfolgt eine Bestandsaufnahme, welche Fläche innerhalb des Grundstücks für den Garten zur Verfügung steht, welche Bepflanzung vorhanden ist und welcher Bereich am längsten von der Sonne verwöhnt wird. Dann erst kann man seine persönliche Wunschliste erstellen sowie die Einteilung und Gestaltung der Gartenräume detaillierter planen. Als letzter Schritt erfolgt die Wahl der Pflanzen, deren Standortansprüche mit den Gegebenheiten des Gartens verglichen werden müssen.

Winterfütterung für Vögel

Unsere gefiederten Freunde lassen sich kaum besser beobachten, als am winterlichen Futterplatz. Da Vögel sich schnell an bestimmte Futterplätze gewöhnen, kann man Vogelhäuschen und andere Futtereinrichtungen nahezu überall im Garten sowie auf dem Balkon anbringen. Der Futterplatz muss windgeschützt sowie für Katzen und Greifvögel unerreichbar sein. Der Speisezettel für Wintervögel setzt sich vor allem aus Samenmischungen, Sonnenblumenkernen und Fettfuttergemischen (Meisenringe, Meisenknödel) zusammen.

Winterlicher Futterplatz

Im Gemüsegarten

Wirsing und Grünkohl können noch lange auf dem Beet bleiben und nach Bedarf geerntet werden. Bei strengem Frost schichtet man rund um die Basis der Wirsingköpfe Erde auf und bedeckt die Pflanzen mit Vlies. Grünkohl wächst an milden Tagen weiter, deshalb erntet man jetzt nur von unten beginnend die äußeren Blätter. Nach dem ersten Frost schmeckt Kohl viel milder. Rotkohl ist nicht sehr winterhart, also rasch verwerten oder einlagern.

Die Samen werden auf ein feuchtes Vlies gelegt und mit Folie abgedeckt.

Altes Saatgut auf Frische überprüfen

Selbst wenn man sie sorgfältig, kühl und trocken lagert, so sind Gemüsesämereien nur eine begrenzte Zeit keimfähig. Ehe man jedoch frisches Saatgut kauft, sollte man die Keimfähigkeit der alten Samenvorräte testen. Sie werden dazu in einfache Saatschalen gesät oder auf feuchtes Küchenkrepp-Papier gelegt und mit Folie abgedeckt. Da die Keimlinge ja nicht zu nutz-

baren Pflanzen ausreifen sollen, reichen für die Keimprobe die derzeitigen Licht- und Temperaturverhältnisse aus. Keimen deutlich weniger als 50 Prozent, sollte neues Saatgut besorgt werden. 75 Prozent sind dagegen eine gute Keimrate.

Meerrettich aus dem Garten

Meerrettich ist ein sehr kältefestes, robustes Gemüse. Solange der Boden noch nicht dauerhaft gefroren ist, kann man seine Wurzeln ernten. Sie werden mit der Grabgabel aus dem Boden geholt, damit die langen Stränge nicht abbrechen. Die dicksten Wurzeln werden zum sofortigen Verzehr verwertet oder für den späteren Gebrauch in einer Erdmiete gelagert. Die dünneren Wurzeln setzt man wieder ins Beet ein. Aus ihnen wachsen neue Pflanzen heran.

Im Dezember sollen Eisblumen blühn, Weihnachten sei nur auf dem Tische grün.

Im Obstgarten

Meisen und andere Gartenvögel vertilgen unzählige Obstschädlinge. Man sollte sie daher mit Nistkästen in den Garten locken. Diese werden in einer Höhe von 2–4 m in jeden zweiten Baum gehängt. Das Flugloch muss von der Wetterseite abgewandt sein, also nach Südosten zeigen.

Kronen auslichten

Obstbäume, die einige Jahre nicht mehr geschnitten wurden, benötigen einen Verjüngungsschnitt. Er wird während der Saftruhe von Dezember bis Februar vorgenommen. Tragen die Bäume kein Laub, dann sind das Astwerk und störende, nach innen wachsende Zweige gut zu sehen. Wenn nötig, werden auch dickere Äste herausgenommen. Größere Wunden muss man anschließend mit einem Wundverschlussmittel behandeln. Auf einen kräftigen Rückschnitt im Winter erfolgt in der Regel im Frühjahr ein starker Neuaustrieb der Kronen. In den Folgejahren müssen die Bäume sorgfältig gepflegt werden.

Fallobst aufsammeln

Wühlmäuse, höchst ungeliebte Gäste, suchen den Garten bevorzugt auf, wenn noch Fallobst am Boden liegt. Deshalb sollte man jetzt alle nicht mehr verwertbaren Obstreste sorgfältig aufsammeln und im Kompost entsorgen. In den Baumkronen können noch übrig gebliebene Früchte ruhig so lange hängen bleiben, wie sie fest sind. Sie dienen Vögeln und kletternden Nagern als wertvolle Winternahrung. Beginnen die Früchte zu schrumpeln, sammelt man auch sie ab.

Obst lässt sich auf vielfältige Weise verarbeiten.

Obst verarbeiten und lagern

Früher war Einkochen das Mittel der Wahl, um frisches Obst haltbar zu machen. Aber auch heute haben viele Hausfrauen und Hobbygärtner Spaß daran, Marmeladen, Gelees und Säfte selbst herzustellen. Marmelade wird aus zerkleinerten Früchten hergestellt, Säfte lassen sich frisch oder erhitzt aus jedem Obst gewinnen. Es dürfen nur frische, reife Früchte ohne Schadstellen verwendet werden. Zum Einkochen verwendet man einen großen Topf, der nur zur Hälfte gefüllt wird. Die Einmachgläser und Saftflaschen werden gut ausgewaschen und auf ein feuchtes Tuch gestellt, damit sie nicht beim Einfüllen des heißen Einmachgutes platzen. Die Marmeladen und Säfte sollen an einem kühlen dunklen Ort aufbewahrt werden.

Sommerblumen

Wachstumsjahr

Sommerblumen	Jan.	Febr.	März	April	Mai	Juni	Juli	Aug.	Sept.	Okt.
Aster										
Bartnelke										
Edelwicke										
Kornblume										
Rittersporn										
Sonnenblume										
Stiefmütterchen										
Zinnie										

Folgejahr

Nov.	Dez.	Jan.	Febr.	März	April	Mai	Juni	Juli	Aug	Sept

Zeichenerklärung

	säen ins Freiland
	säen ins kalte Frühbeet
	säen ins warme Frühbeet
|·|·|	vereinzeln
	pflanzen
	pikieren in Töpfe
	Blütezeit
|!|!|	Selbstaussaat
	Nebentriebe entfernen
	verblühte Teile entfernen
	Winterabdeckung
( )	kann, muss nicht
- - -	Folgekulturen möglich z. B. in 14-täg. Abstand

Aster

Callistephus chinensis

Die Pflanze wird je nach Sorte 25–30 cm hoch. Astern kommen nur zur Blüte, wenn sie täglich mindestens 13 Stunden Licht haben. Der Standort sollte sonnig, jedoch nicht trocken sein, bei längerer Trockenheit muss gewässert werden. Der Boden soll nährstoffreich und humos sein, der Pflanzabstand beträgt 20-30 cm.

Bartnelke

Dianthus barbatus

Die zweijährige stark duftende Pflanze wächst bis 50 cm hoch und hat einen 10 cm breiten, doldenförmigen Blütenstand. Es gibt einfach und gefüllt blühende Sorten. Die Bartnelke braucht einen sonnigen Standort mit nährstoffreichem, lockerem Boden. Vorkultivierte Pflanzen im Abstand von 20 cm auspflanzen.

Edelwicke

Lathyrus odoratus

Die Pflanze trägt große, wohlriechende Schmetterlingsblüten, mehrere an einem blattachselständigen Stiel. Für die bis zu 2 m hohen Rankenpflanzen ist ein Klettergerüst oder Gartenzaun erforderlich. Der Standort sollte sonnig sein, mit einem nährstoffreichen, lockeren Boden. Pflanzabstand 30 cm, in Gruppen.

Kornblume

Centaurea cyanus

Die locker verzweigte Pflanze wächst 50–90 cm hoch. Es gibt gefüllte Sorten in blauen, weißen und rosa Farbtönen. Die angebotenen Samen sind meist Sortenmischungen. Die Kornblume braucht einen sonnigen Standort mit lehmigem Boden, verträgt aber auch durch Regen verschlämmte Böden; Pflanzabstand 15 cm.

Rittersporn

Delphinium ajacis

Die Pflanze trägt einen traubenförmigen Blütenstand mit zahlreichen einfachen oder gefüllten
Blüten. Rittersporn gibt es in vielen Sorten; er
wächst 40–100 cm hoch und hat einen hohen Schmuckwert im Garten. Er braucht einen
vollsonnigen Standort mit lehmigem, nährstoffreichem Boden; Pflanzabstand 25 cm.

Sonnenblume

Helianthus annuus

In ihrer Stammform wächst sie 3–4 m hoch, im
Garten bleibt sie niedriger. Stamm und Blätter
sind rau behaart. Der Name bezieht sich auf
die großen, gelben Blütenköpfe, die sich wie die
Blätter dem Licht zuwenden. Der Standort sollte
sonnig, der Boden nährstoffreich und feucht
sein; Pflanzabstand 20–30 cm.

Stiefmütterchen

Viola-Wittrockiana-Hybriden

Eine Zusammenfassung unterschiedlichster
Gartenformen, die in vielen Blütenfarben
und -größen (mit unterschiedlicher Blütezeit)
vorkommen. Die krautigen, buschigen Pflanzen werden 15–20 cm hoch und brauchen
einen sonnigen bis halbschattigen Standort mit
humusreichem, lehmigem Boden; Pflanzabstand
15–20 cm.

Zinnie

Zinnia elegans

Die krautige, aufrechte und nur wenig verzweigte Pflanze wächst je nach Sorte 30–100 cm
hoch. Sie ist kurz und rau behaart und trägt bis
12 cm große, gefüllte Blütenköpfe. Bei un-
günstiger Witterung blüht die Zinnie nur sehr
zögerlich. Sie braucht einen sonnigen Standort
mit nährstoffreichem Boden.

Stauden

Wachstumsjahr

Stauden	Jan.	Febr.	März	April	Mai	Juni	Juli	Aug.	Sept.	Okt.
Christrose				⊻—					⊻	
Heidekraut			⊻				❀—	⫲⫲⫲—	⊻	
Herbstaster				⊻—					❀—	
Kugeldistel				⊻—			❀—	⫲⫲⫲—		❀
Mai-glöckchen				⊻	❀					❀
Phlox				⊻—		❀—				❀
Schafgarbe				⊻—		❀—				❀
Schleierkraut				⊻—			❀—	(⚘)—		

Folgejahr

Nov.	Dez.	Jan.	Febr.	März	April	Mai	Juni	Juli	Aug	Sept

Zeichenerklärung

(pflanzen-Symbol)	pflanzen
❀	Blütezeit
(Schere-Symbol)	zurückschneiden
(Senker-Symbol)	Senker
|!|	Selbstaussaat
(Teilen-Symbol)	teilen und pflanzen
ᳶ	Früchte
♀	Stecklinge
( )	kann, muss nicht

Christrose
Helleborus niger

Die etwa 30 cm hoch wachsende Pflanze hat große, geteilte Blätter und blattlose Schäfte mit jeweils mehreren großen, weißen Blüten. In Kultur sind viele Sorten und Hybriden. Die Christrose braucht einen sonnigen Standort mit humusreichem Boden; einzeln oder mit großem Abstand pflanzen. Achtung: giftig!

Heidekraut
Calluna vulgaris

Die Ausgangsform des etwa 50 cm hohen immergrünen Zwergstrauchs hat glöckchenförmige Blüten, die Kultursorten tragen meist gefüllte Blüten. Das Heidekraut gedeiht nur bei einem kräftigen Rückschnitt im Frühjahr. Die Pflanze braucht einen sonnigen Standort mit sandigem, kargem Boden; Pflanzabstand 30 cm.

Herbstaster
Aster novi-belgii

Die Art wird je nach Sorte 80–120 cm hoch, hat kräftige, verzweigte Stiele mit länglichen, glatten Blättchen und einem umfangreichen Blütenstand. Es gibt Sorten in verschiedenen Blütenfarben, meist blau-violett. Die Herbstaster braucht einen sonnigen Standort mit normalem Gartenboden; Pflanzabstand 30 cm.

Kugeldistel
Echinops ritro

Die distelartige Pflanze hat stachelige Blätter, ist jedoch keine echte Distelart. Sie wächst etwa 120 cm hoch und trägt charakteristische kugelförmige Blütenköpfe, die bei den Sorten stahlblau gefärbt sind. Die Kugeldistel braucht einen sonnigen Standort mit kargem Boden; samt sich aus; einzeln pflanzen.

Maiglöckchen

Convallaria majalis

Die großblättrige, 20 cm hohe Pflanze mit blattlosen Blütenstängeln bringt weiße, duftende Blütenglöckchen hervor. Sie verbreitet sich stark durch unterirdische Ausläufer. Der Standort sollte halbschattig, der Boden locker und humusreich sein; Pflanzabstand 30 cm.
Achtung: in allen Teilen giftig!

Phlox

Phlox-Paniculata-Hybriden

Die horstbildende Staude hat Stängel mit einer endständigen Blütentraube; die Zuchtsorten tragen große und farbkräftige Einzelblüten. Der Phlox wird je nach Sorte 60–120 cm hoch. Er braucht einen sonnigen Standort mit humusreichem, nährstoffreichem und lockerem Boden; Pflanzabstand 40–50 cm.

Schafgarbe

Achillea filipendulina

Diese Gartenart wird wegen ihrer leuchtendgelben Blütenköpfe auch Goldgarbe genannt. Sie wird 100–150 cm hoch, ist nicht sehr standfest und muss meist gestützt werden. Die Pflanze braucht einen sonnigen Standort mit leichtem, trockenem Boden; einzeln pflanzen oder im Abstand von mindestens 50 cm.

Schleierkraut

Gypsophila paniculata

Aus einer langen, dicken Pfahlwurzel wächst jährlich eine 100 cm hohe und breite Pflanze empor. Sie ist stark und sparrig verzweigt, nur spärlich beblättert und trägt kleine weiße Blütchen am Stielende. Die Pflanze braucht einen vollsonnigen Standort mit kalkhaltigem, lockerem Boden; einzeln pflanzen.

Stauden und Balkonblumen

Wachstumsjahr

Stauden- und Balkonpflanzen	Jan.	Febr.	März	April	Mai	Juni	Juli	Aug.	Sept.	Okt
Schneeheide			🪴							⚘ / 🪴
Schwertlilie										🪴 / (⚘)
Steinbrech			🪴		⚘				🪴	
Veilchen						🪴				
Fließiges Lieschen			▦	🌱 🪴	⚘					
Geranie						🪴	⚘		(⚘)	
Knollenbegonie			🪴	🪴	🪴 ⚘		⚘			
Petunie					🪴 ⚘	✂				

Folgejahr

Nov.	Dez.	Jan.	Febr.	März	April	Mai	Juni	Juli	Aug	Sept

Zeichenerklärung

🡒	pflanzen
🡒	Blütezeit
🡒	zurückschneiden
🡒	Stecklinge
🡒	teilen und pflanzen
🡒	säen in Anzuchtschale
🡒	pikieren in Töpfe
🡒	Knollen vorkeimen
🡒	nicht vorgekeimte Knollen pflanzen
🡒	im kühlen Raum überwintern
🡒	Knollen im kühlen Raum überwintern
🡒	verblühte Teile entfernen
( )	kann, muss nicht

Schneeheide

Erica herbacea

Bei der Zucht der Schneeheide entstand eine Reihe von Sorten mit rosa, weißen und roten Blüten, die in kleinen Trauben zusammenstehen. Die verzweigten Stängel tragen nadelförmige Blättchen. Die etwa 30 cm hohe Pflanze braucht einen sonnigen Standort und wächst in jedem Gartenboden; Pflanzabstand 30 cm.

Schwertlilie

Iris-Barbata-Hybriden

Bei allen Sorten sind die inneren großen Blumenblätter nach außen geneigt und tragen auf der Oberseite eine Haarleiste, den Bart. Man nennt sie daher Bartiris, Schwertlilie wegen der schwertförmigen Blätter. Schwertlilien brauchen einen sonnigen Standort mit humusreichem, lockerem Boden; Pflanzabstand 40 cm.

Steinbrech

Saxifraga-Arendsii-Hybriden

Beispiel für eine artenreiche Pflanzengattung mit Zuchtbastarden in verschiedenfarbigen Sorten. Die Blätter stehen in Rosetten, die Blütenstiele werden bis zu 15 cm hoch. Der Steinbrech braucht einen halbschattigen Standort mit leichtem, durchlässigem Boden; Pflanzabstand 20 cm; mäßig feucht halten.

Veilchen

Viola odorata

Gartenpflanze mit unscheinbaren, aber stark duftenden Blüten. Neben der violett blühenden Ausgangsform gibt es großblumige und weiß blühenden Sorten. Das Veilchen wird 5–10 cm hoch, die Blätter stehen in Rosetten. Es braucht einen halbschattigen Standort mit lehmigem, humusreichem Boden; Pflanzabstand 10 cm.

Fleißiges Lieschen

Impatiens walleriana

Die krautige Pflanze hat saftreiche Stängel und wird sortenabhängig 15–60 cm hoch. Die Grundfarbe der 4 cm großen Blüten ist purpurrot, es gibt viele, auch mehrfarbige Sorten. Das Fleißige Lieschen braucht einen sonnigen bis halbschattigen Standort mit normalem Gartenboden; Pflanzabstand 20 cm

Geranie

Pelargonium-Hybriden

Die Blätter der buschigen Pflanzen weisen eine dunkle Zone auf. Die doldenförmigen Blütenstände stehen je nach Sorte mehr oder weniger dicht, es gibt einfarbige und verschiedenfarbige Sorten. Die Geranie braucht einen sonnigen Standort mit normalem Gartenboden oder Blumenerde.; Pflanzabstand 20 cm.

Petunie

Petunia-Hybriden

Krautige, 20–70 cm hohe Pflanzen mit verschiedener Wuchsform und großen ein- oder mehrfarbigen Trichterblüten mit welligem Rand. Für Balkonkästen eignen sich vor allem überhängende Sorten. Die Petunie braucht einen sonnigen, windgeschützten Standort mit normaler Blumenerde; Pflanzabstand 20 cm.

Knollenbegonie

Begonia in Arten und Sorten

Buschig verzweigte, 15–20 cm hohe Pflanzen mit dickfleischigen Stielen und großen Blättern. Die Blüten sind witterungsempfindlich, werden schnell unansehnlich, wachsen aber reichlich nach. Knollenbegonien brauchen einen schattigen bis halbschattigen Standort mit leicht saurem Boden; Pflanzabstand 25 cm.

Zwiebel- und Knollengewächse

Wachstumsjahr

Zwiebel- und Knollengewächse	Jan.	Febr.	März	April	Mai	Juni	Juli	Aug.	Sept.	Okt.
Anemone			⛏			✿				⛏
Dahlie					⛏		✿			
Gladiole					⛏		✿			⌂
Krokus										⛏
Märzen-becher								⛏		
Narzisse								⛏		
Schnee-glöckchen								⛏		
Tulpe										⛏

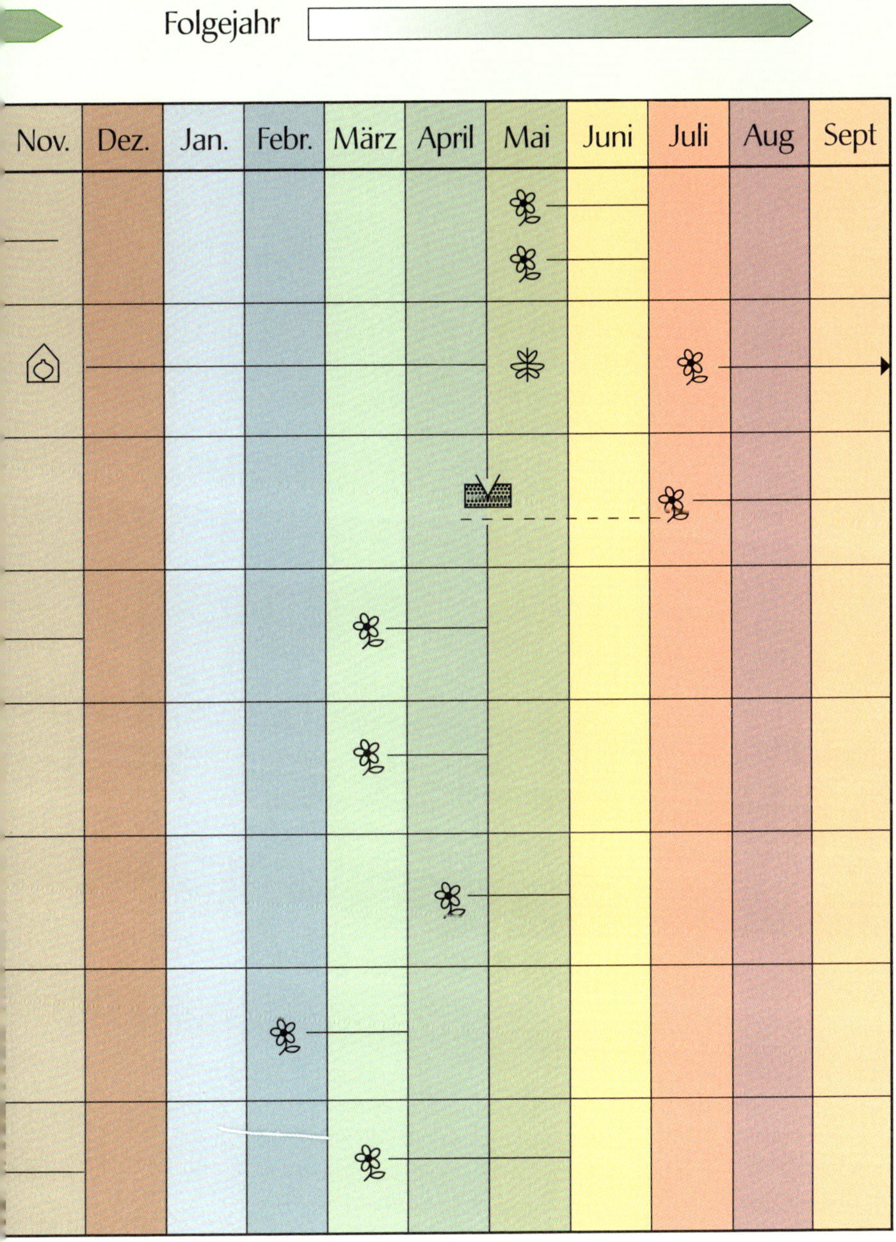

Folgejahr

Nov.	Dez.	Jan.	Febr.	März	April	Mai	Juni	Juli	Aug	Sept

Zeichenerklärung

- pflanzen
- Folgepflanzungen
- Blütezeit
- teilen und pflanzen
- Knollen im kühlen Raum überwintern
- Winterabdeckung

Anemone

Anemone coronaria

Im Handel sind zahlreichen Zuchtformen: einfache, halb gefüllte und gefüllte Sorten in vielen Farben mit einer durchschnittlichen Wuchshöhe von 25 cm. Die Anemone braucht einen halbschattigen Standort mit lockerem, humusreichem Boden. In größeren Gruppen setzen; Pflanzabstand 10–15 cm, Pflanztiefe 6 cm.

Dahlie

Dahlia-Hybriden

Die buschigen Pflanzen erreichen eine Wuchshöhe von bis zu 100 cm. Wegen ihrer großen und schweren Blütenköpfe sind sie meist nicht standfest und müssen deshalb angebunden werden. Dahlien brauchen einen sonnigen Standort mit lockerem Boden; Pflanzabstand je nach Sorte 60–100 cm, Pflanztiefe 5–10 cm.

Gladiole

Gladiolus-Hybriden

Großblumige, 30–150 cm hohe Hybriden in vielen Farben. Die trichterförmigen Blüten stehen in einseitswendigen Trauben am Stiel. Gladiolen brauchen einen sonnigen oder halbschattigen Standort mit tiefgründigem, humusreichem, lockerem Boden. In Gruppen im Abstand von 30–40 cm pflanzen, Pflanztiefe 10 cm.

Krokus

Crocus neapolitanus

Im Handel sind großblumige, 10–15 cm hohe Sorten in Weiß und Violettblau, kleinblütige Stammform kaum mehr in Kultur. Blüten erscheinen vor den grasartigen Blättern. Der Krokus braucht einen sonnigen Standort mit lockerem, humusreichem Boden. In Gruppen im Abstand von 10 cm pflanzen, Pflanztiefe 5–10 cm.

Märzenbecher

Leucojum vernum

Die 25 cm hohe Pflanze hat lange, schmale Blätter und Blütenschäfte mit kleinem Hochblatt und jeweils 1 glockenförmigen, weißen Blüte mit grünen Flecken an den Zipfeln. Der Märzenbecher braucht einen halbschattigen Standort unter Bäumen mit humusreichem, lockerem Boden; Pflanzabstand 10 cm, Pflanztiefe 8 cm.

Narzisse

Narcissus poeticus

Beispiel aus einer Pflanzengattung mit mehreren Arten und vielen Sorten. Weiße Blüte, gelbes Krönchen mit rotem Rand; einblütige Schäfte, lange, schmale Blätter. Die Narzisse braucht einen sonnigen bis halbschattigen Standort mit nährstoffreichem, lockerem Boden; Pflanzabstand 15 cm, Pflanztiefe 15 cm.

Tulpe

Tulipa-Hybriden

Zahlreiche Zuchtformen mit unterschiedlichen Blütezeiten. Aus jeder Zwiebel entwickelt sich ein 40–80 cm hoher Blütenstiel mit großen, breiten, bläulich bereiften Blättern. Tulpen brauchen einen sonnigen bis halbschattigen Standort mit humusreichem, lockerem Boden; Pflanzabstand 10–20 cm, Pflanztiefe 10 cm.

Schneeglöckchen

Galanthus nivalis

Mehrere Sorten, auch gefüllte. Bandförmige, graugrüne Blätter an 10–15 cm hohen Blütenstielen mit jeweils 1 Blüte, die sich in 3 weiße äußere Blumenblätter und 3 innere mit grünem Fleck an der Spitze gliedert. Halbschattiger Standort mit schwerem, etwas feuchtem Boden; Pflanzabstand 5 cm, Pflanztiefe 8 cm.

Gehölze

Wachstumsjahr

Gehölze		Jan.	Febr.	März	April	Mai	Juni	Juli	Aug.	Sept.	Okt.
Besen-ginster				✂		❀					
Edelrose											✂
Flieder				✂		❀					✂
Forsythie				✂	❀						✂
Parkrose				✂			❀				✂
Rhodo-dendron				✂ ❀						✂	
Schnee-ball				✂		❀					
Zierkirsche				✂ ❀							✂

Folgejahr

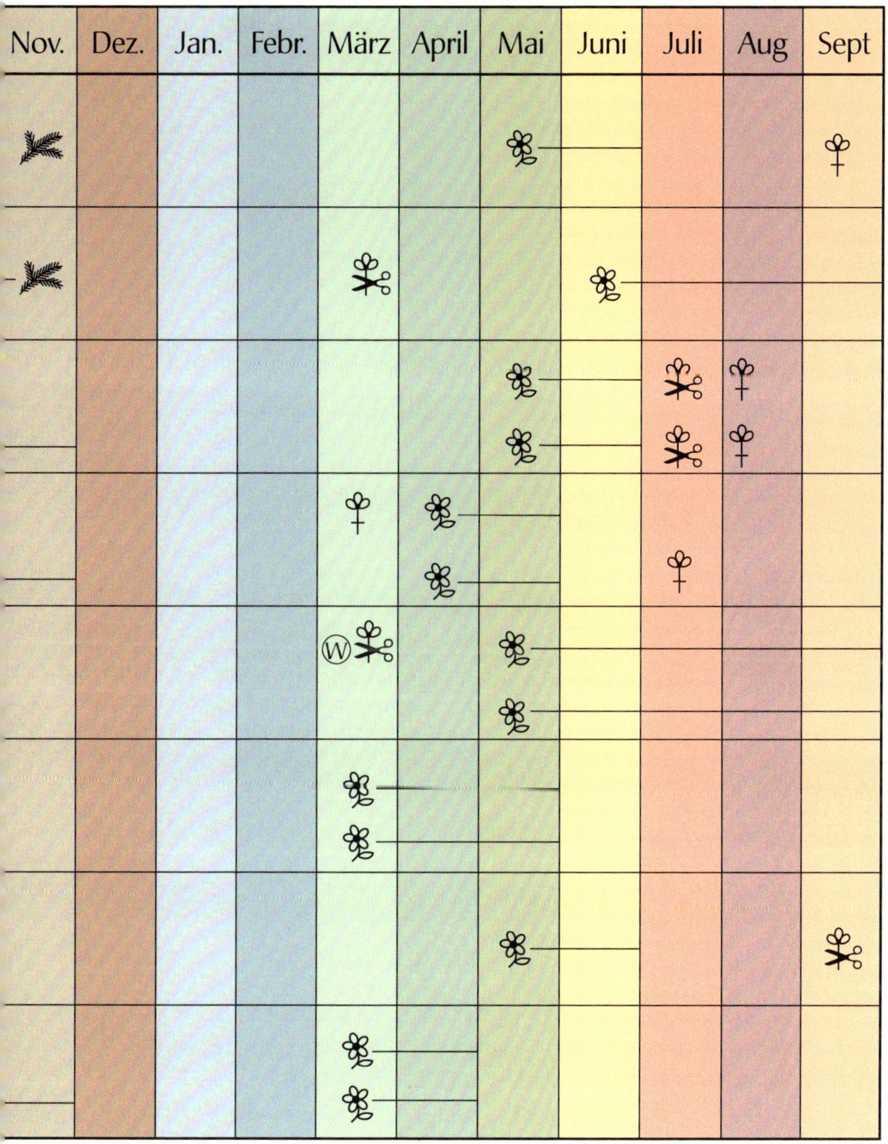

Zeichenerklärung

- ▨ pflanzen
- ✿ Blütezeit
- ✿✂ zurückschneiden
- ♀ Stecklinge
- Ⓦ Vermehrung durch Wurzelausläufer
- ❧ Winterabdeckung

Nov.	Dez.	Jan.	Febr.	März	April	Mai	Juni	Juli	Aug	Sept
Winterabdeckung						Blütezeit				Stecklinge
Winterabdeckung				zurückschneiden			Blütezeit			
						Blütezeit		zurückschneiden	Stecklinge	
						Blütezeit		zurückschneiden	Stecklinge	
				Stecklinge	Blütezeit					
					Blütezeit			Stecklinge		
				Ⓦ zurückschneiden		Blütezeit				
						Blütezeit				
				Blütezeit						
				Blütezeit						
						Blütezeit				zurückschneiden
				Blütezeit						
				Blütezeit						

Besenginster

Cytisus-Scoparius-Hybriden

Sommergrüner, buschiger, 1–3 m hoher Strauch mit grünen, schwach geflügelten Ästen und kleinen, dunkelgrünen Blättchen. Zahlreiche große, goldgelbe, rote, braunrote, rosa Schmetterlingsblüten mit unangenehmem Geruch. Nicht winterhart. Sonniger Standort mit kalkfreiem Boden. Einzeln und geschützt pflanzen.

Rose

Rosa-Teehybriden

Aus klassischen Teerosen hervorgegangene groß- und wenig blumige Rosen. Aufrechte, wenig buschige, 40–100 cm hohe Pflanzen mit meist einzeln stehenden Blüten in vielen verschiedenen Farben. Rosen brauchen einen sonnigen Standort mit gutem Gartenboden. Einzeln und 40 cm tief in gelockerten Boden pflanzen.

Flieder

Syringa-Vulgaris-Hybriden

Sommergrüner 2–3 m hoher, baumartiger Strauch mit herzförmigen, frischgrünen Blättern und 10–20 cm langen, dichten Blütenrispen in (je nach Sorte) Weiß, Violett, Purpur oder Blau. Der Flieder braucht einen sonnigen bis halbschattigen Standort mit tiefgründigem, humusreichem und kalkhaltigem Boden.

Forsythie

Forsythia x *intermedia*

Sommergrüner, buschig kompakter bis breit ausladender, 2–2,5 m hoher Strauch mit gelben, glockenförmigen Blüten in verschiedenen Sorten. Die Forsythie braucht einen sonnigen bis halbschattigen Standort mit sandig-lehmigem, durchlässigem Boden. Einzeln oder in frei wachsenden Blütenhecken pflanzen.

Parkrose

Rosa rugosa

Sehr dichter, 2–3 m hoher Strauch in verschiedenen Sorten mit großen, manchmal auch gefüllten, weißen, rosa, oder roten Blüten und großen, flachrunden Hagebutten. Die Parkrose braucht einen sonnigen bis halbschattigen Standort mit normalem Gartenboden. Einzeln oder in Hecken im Abstand von 1–2 m pflanzen.

Rhododendron

Rhododendron-Hybriden

Buschiger 1,5–3 m hoher, langsam wachsender Strauch. Der Rhododendron braucht einen halbschattigen bis schattigen Standort mit humusreichem, durchlässigem, kalkarmem Boden. Einzeln oder im Abstand von 1,5 m in Hecken pflanzen. Wintergrüne Sorten sind empfindlich gegen starken Frost, geschützt pflanzen.

Schneeball

Viburnum opulus

Sommergrüner, aufrecht wachsender, vieltriebiger, bis 4 m hoher Strauch mit großen, weißen Blütenbällen, die keine Beeren bilden. Der Schneeball braucht einen sonnigen bis schattigen Standort mit humusreichem, durchlässigem Boden. Einzeln, in Gruppen oder im Abstand von 1,5 m in lockeren Hecken pflanzen.

Zierkirsche

Prunus serrulata

Baum von durchschnittlich 3 m Höhe in zahlreichen, auch höher wachsenden Sorten; reich blühend mit einfachen, meist aber gefüllten Blüten in weißen und rosa Farbtönen; auch als Japanische Blütenkirsche bekannt. Die Zierkirsche braucht einen sonnigen Standort mit normalem Gartenboden. Einzeln pflanzen.

Fruchtgemüse

Wachstumsjahr

Fruchtgemüse	Jan.	Febr.	März	April	Mai	Juni	Juli	Aug.	Sept.	Okt.
Bohne					▦		Ⓔ	- - -	- - -	
Erbse			▦			Ⓔ				
Gurke					▦		Ⓔ			
Kürbis				⬓	▦ ▦				Ⓔ	
Paprika		▦	🌱		▦		Ⓔ			
Puffbohne			▦		✿		Ⓔ - - -			
Tomate			▦ 🌱		▦	Ⓔ ✿		✦ - - -		
Zucchini				⬓	▦		Ⓔ			

Folgejahr

Nov.	Dez.	Jan.	Febr.	März	April	Mai	Juni	Juli	Aug	Sept
						⠿ ∩		Ⓔ		
				⠿			Ⓔ			
						⠿		Ⓔ		
					⌴	⊻				Ⓔ
						⠿ ꟾ·ꟾ·ꟾ				
			⊞	🪴		⊻		Ⓔ		
				⠿			🌿	Ⓔ		
				⊞ 🪴		⊻	Ⓔ 🌿			→
					⌴	⊻		Ⓔ	⊹	

Zeichenerklärung

- pflanzen
- säen ins Freiland
- säen in Anzuchtschale
- säen in Töpfe, nur die stärkste Pflanze stehenlassen
- pikieren in Töpfe
- anhäufeln
- ꟾ·ꟾ·ꟾ vereinzeln
- entspitzen
- Nebentriebe entfernen
- Nebentriebe immer wieder entfernen
- Ⓔ Ernte
- Ⓔ Ernte in Folgen

Bohne

Phasaeolus vulgaris

Zwei Varietäten: Stangenbohne (an Gerüsten mehrere Meter) und Buschbohne (30 cm). Aus weißen Schmetterlingsblüten entwickeln sich die zahlreichen Früchte. Die Bohne braucht einen sonnigen, windgeschützten Standort mit nähr-stoffreichem Boden; Pflanzabstand bei Busch-bohnen 10 cm, bei Stangenbohnen 1 m.

Erbse

Pisum sativum

Je nach Sorte bis 30–150 cm hohe Rankpflanze mit weißen oder violetten Blüten und grünlichen Fruchthülsen. Die Erbse braucht einen sonnigen, luftigen Standort mit trockenem, nährstoffreichem, durchlässigem Boden. Reihenabstand bei niedrigen Sorten 40 cm, bei höheren 60 cm; Pflanzabstand in der Reihe 2–3 m.

Gurke

Cucumis sativus

Rankende Pflanze in vielen Sorten, als Freiland-gurke oder Gewächshausgurke; männliche und weibliche Blüten verschieden. Kultur der Freilandgurken ist einfacher. Die Gurke braucht einen sonnigen, möglichst warmen Standort mit humus- und nährstoffreichem Boden; Reihen-abstand 1 m, Pflanzabstand 25 cm.

Kürbis

Cucurbita maxima

Am Boden entlang rankende Pflanze mit gro-ßen Blättern. Aus den großen, gelben weiblichen Trichterblüten gehen nach der Bestäubung die Früchte hervor. Der Kürbis braucht einen son-nigen, warmen und geschützten Standort mit sehr nährstoffreichem, humosem Boden und wird gerne an oder auf dem Kompost gepflanzt.

Paprika

Capsicum annuum

Krautige, bis zu 50 cm hohe Pflanze mit weißen Blüten. Die wärmebedürftige Pflanze gedeiht am besten im Gewächshaus oder unter dem Folientunnel, Freilandkulturen sind nur in geschützten Lagen möglich. Die Paprika braucht einen humus- und nährstoffreichen Boden; Reihenabstand 70 cm, Pflanzabstand 40 cm.

Puffbohne

Vicia faba

Die Puffbohne, auch Dicke Bohne genannt, hat gerade, 60–80 cm hohe Stängel. Die kälteunempfindliche Pflanze lässt sich zeitig kultivieren. Geerntet werden die unreifen, noch milchigen Samen. Die Puffbohne braucht einen sonnigen Standort mit nährstoffreichem Boden; Reihenabstand 60 cm, Pflanzabstand 15 cm.

Tomate

Lycopersicon lycopersicum

Gelb blühendes, 1 m hohes Nachtschattengewächs, bei dem die grünen Früchte nicht giftig sind; in vielen Sorten erhältlich. Typischer Geruch der grünen Pflanze. Die Tomate braucht einen sonnigen Standort (oder Gewächshaus) mit nährstoffreichem Boden; Pflanzabstand 50–70 cm; fruchtende Pflanze anbinden.

Zucchini

Cucurbita pepo var. giromontania

Nichtrankende, buschige Pflanze mit großen, meist gelappten Blättern und länglichen Früchten; verschiedene Sorten. Verschiedengeschlechtliche Blüten, von denen nur die weiblichen (nach Bestäubung) Früchte bilden. Die Zucchini braucht einen sonnigen Standort mit nährstoffreichem Boden; Pflanzabstand 1 m.

Zwiebel- und Wurzelgemüse

Wachstumsjahr

Zwiebel- und Wurzelgemüse	Jan.	Febr.	März	April	Mai	Juni	Juli	Aug.	Sept.	Okt
Mairübe (Stielmus)			▦ —			Ⓔ	▦ —		Ⓔ	
Möhre (Karotte)			▦ —	¦·¦ —	Ⓔ ▦		¦·¦ —		Ⓔ	
Porree (Lauch)		▱	🌱	⊠ — ⊠		Ⓔ				Ⓔ
Radieschen	▱	¦·¦ Ⓔ ▱	¦·¦ Ⓔ ▦	▦ ¦·¦ ¦·¦ Ⓔ Ⓔ		Ⓔ				
Rettich			▦	¦·¦ (⊠)	Ⓔ			▦ ¦·¦ (⊠)		Ⓔ
Rote Beete				▦	¦·¦ (⊠)		Ⓔ			
Sellerie					⊠					
Zwiebel			▦ ◯			Ⓔ		Ⓔ ▦	⊠	

Folgejahr

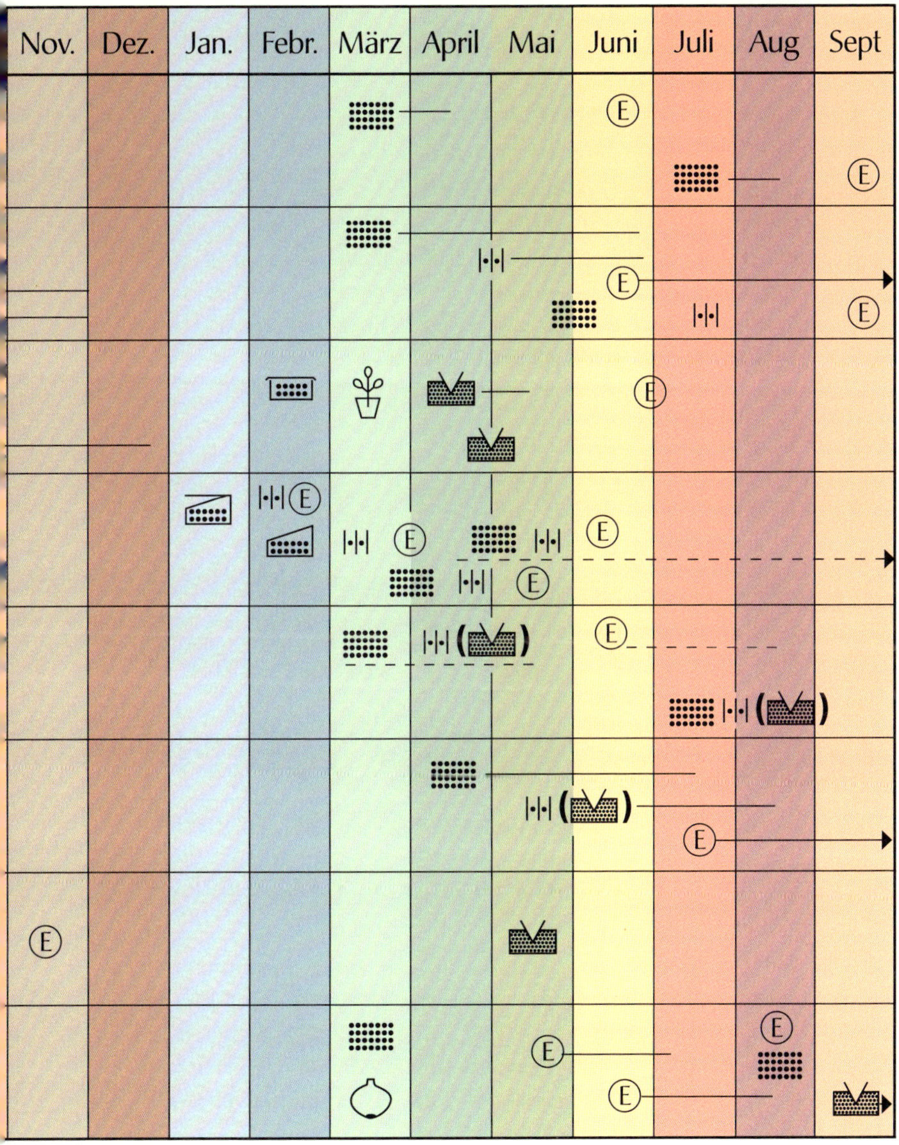

Nov.	Dez.	Jan.	Febr.	März	April	Mai	Juni	Juli	Aug	Sept

Zeichenerklärung

- pflanzen
- säen ins Freiland
- säen in Anzuchtschale
- säen ins warme Frühbeet
- säen ins kalte Frühbeet
- pikieren in Töpfe
- Zwiebeln stecken
- |·|· vereinzeln
- Ⓔ ernten
- ( ) kann, muss nicht
- – – – Folgekulturen möglich, z. B. in 3-wöch. Abstand

Mairübe, Stielmus

Brassica rapa var. campestris

Kleine runde, weiße bis gelbe Speiserübe in verschiedenen Sorten; Geschmack ähnlich dem des Rettichs, jedoch milder. Roh und gekocht zu verwenden; junge Blätter liefern schmackhaftes Gemüse. Die Mairübe braucht einen sonnigen Standort mit lehmigem Sandboden. Pflanzung vereinzelt im Abstand von 20 cm.

Möhre, Karotte

Daucus carota ssp. sativus

Je nach Sorte sind Möhren gelb, orange bis hellrot und kegelförmig oder zylindrisch. Sie brauchen einen sonnigen Standort mit humosem, tiefgründigem, leichtem Boden, bei schweren Böden entwickeln sich unerwünschte Verzweigungen („Beinigkeit"); Reihenabstand 20 cm, vereinzelt im Abstand von 8 cm 2 cm tief säen.

Porree, Lauch

Allium porrum

Porree hat durch frühe und späte Sorten eine lange Erntezeit; auch späte Sorten sind nicht winterhart, letzte Ernte nach den ersten stärkeren Frösten. Wächst auch an halbschattigen Standorten mit nährstoffreichem, lockerem Boden; Pflanzen bis zum Blattansatz in tiefe Furchen setzen; Reihenabstand 15 cm.

Radieschen

Raphanus sativus var. sativus

Durch neue Sorten auch Sommerkultur möglich; schnelle Keimung, kurze Vegetationszeit. laufende Ernte durch Folgesaaten. Das Radieschen braucht einen sonnigen Standort mit lockerem, humosem Boden, zur Ausbildung ständig feucht halten; Reihenabstand 15 cm, im Abstand von 4 cm vereinzeln, Saattiefe 1 cm.

Rettich

Raphanus sativus var. niger

Große Form des Radieschens in verschiedenen Sorten; längere Vegetationszeit, eignet sich zum Einlagern. Der Rettich braucht einen sonnigen Standort mit lockerem, nährstoffreichem, gleichmäßig feuchtem, aber nicht frisch gedüngtem Boden; Reihenabstand 25 cm, vereinzeln auf 20 cm Abstand; Saattiefe 2 cm.

Rote Bete

Beta vulgaris var. vulgaris

Es gibt kugelrunde und längliche Sorten, manche schossen bei kühler Witterung. Die Rote Bete braucht einen sonnigen Standort mit mittelschwerem, humusreichem, nicht frisch gedüngtem Boden; bei trockenem Standort wässern, um Holzigwerden zu vermeiden; Reihenabstand 25 cm, auf 15 cm Abstand vereinzeln.

Sellerie

Apium graveolens var. rapaceum

Vorkultivierte Pflanzen kaufen; verschiedene Sorten mit unterschiedlich starker Knollenbildung. Blätter lassen sich als Gewürz, Knollen als Suppengemüse verwenden. Der Sellerie braucht einen sonnigen Standort mit schwerem, feuchtem, nährstoffreichem Boden; Pflanzabstand 20 cm, bei großen Knollen 40 cm.

Zwiebel

Allium cepa

Man unterscheidet zwischen scharfen Speisezwiebeln und milden Gemüsezwiebeln; Lauch- und Bundzwiebeln werden wegen ihres frischen Grüns geschätzt. Zwiebeln brauchen einen sonnigen Standort mit tiefgründigem, mittelschwerem, humosem Boden; Reihenabstand 30 cm, Pflanzabstand 10 cm, Pflanztiefe 2–3 cm.

Blattgemüse

Wachstumsjahr

Blattgemüse	Jan.	Febr.	März	April	Mai	Juni	Juli	Aug.	Sept.	Okt
Chicorée					▦	▦ / ⟱	⟱	Ⓔ	Ⓔ	
Eissalat				▦	⟱	Ⓔ				
Endivie						▦	⟱			Ⓔ
Feldsalat								▦ |·|·|	▦ |·|·| Ⓔ	Ⓔ
Kopfsalat			▱ / ▦	⟱	Ⓔ					
Mangold				▦ |·|·|	Ⓔ				
Pflücksalat			▦	·	·		Ⓔ				
Spinat			▦	Ⓔ			▦	Ⓔ / ▦	

Folgejahr

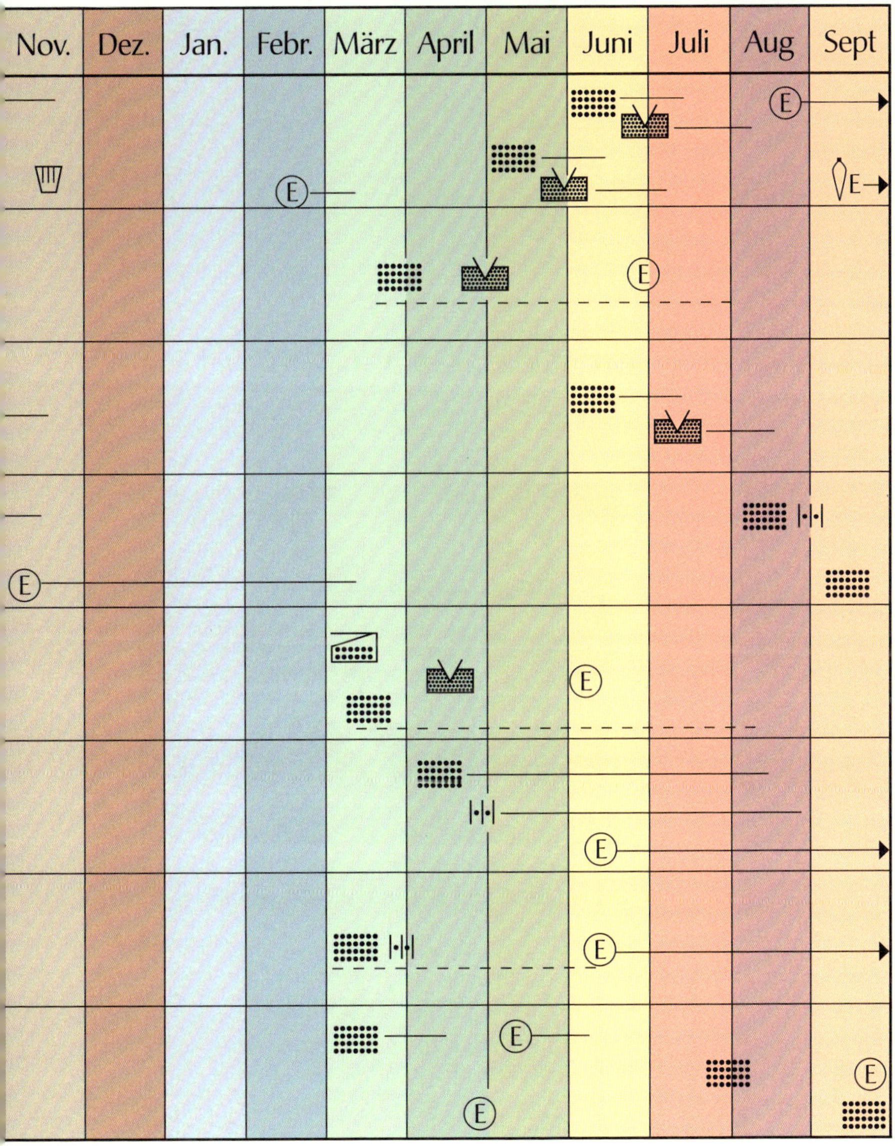

Nov.	Dez.	Jan.	Febr.	März	April	Mai	Juni	Juli	Aug	Sept

Zeichenerklärung

- pflanzen
- säen ins Freiland
- säen ins warme Frühbeet
- treiben im Topf
- vereinzeln
- E ernten
- E Wurzeln ernten
- − − − Folgekulturen möglich, z. B. in 3-wöch. Abstand

Chicorée

Cichorium intybus var. foliosum

Zu den bekanntesten Sorten zählt die 30 cm hohe Sorte 'Zuckerhut', die im Herbst die inneren Blätter zu einem spitzen, salatkopfartigen Gebilde schließt. Chicorée braucht einen sonnigen bis halbschattigen Standort mit tiefgründigem, mittelschwerem, feuchtem Boden; Reihenabstand 30 cm, Pflanzabstand 20 cm.

Eissalat

Lactuca sativa var. capitata

Eine Sorte des gewöhnlichen Kopfsalats; größere Köpfe mit spröden Blattrippen und Blättern, die beim Zerkleinern „krachen" (daher der Name); feste und herzhaft schmeckende Köpfe. Eissalat braucht einen sonnigen bis halbschattigen Standort mit humusreichem, nährstoffreichem Boden; Pflanzabstand 40 cm.

Endivie

Cichorium endivia

Dem Chicorée verwandter Salat, wegen später Kulturzeit auch Winterendivie genannt. Locker gewellte, eingeschnittene Blätter, die sich zahlreicher werdend nicht zu einem Kopf zusammenschließen. Die Endivie braucht einen sonnigen bis halbschattigen Standort mit nährstoffreichem Boden; Pflanzabstand 30–40 cm..

Feldsalat

Valerianella locusta

Kleine Blattrosetten bildende, auch Rapunzel genannte Salatpflanze mit dunkelgrünen, zungenförmigen Blättern, die ein zartes Nussaroma haben; verschiedene Sorten. Feldsalat braucht einen sonnigen oder halbschattigen Standort mit normalem, lockerem Boden; Reihenabstand 20 cm, auf 3 cm Abstand vereinzeln.

Kopfsalat

Lactuca sativa var. capitata

Beliebtes, leicht zu kultivierendes Blattgemüse mit vielen Sorten; teils auch sommerfest,
ohne zu schießen. Der Kopfsalat braucht einen
sonnigen und warmen Standort mit leichtem
bis mittelschwerem, humusreichem Boden,
der nicht zu stickstoffhaltig ist; bei Trockenheit wässern. Pflanzabstand 40 cm.

Mangold

Beta vulgaris var. Vulgaris

Gemüse in mehreren Sorten, als Spinat oder
spargelartiges Blattstielgemüse verwendbar;
Wuchshöhe der Blätter etwa 40 cm. Mangold
braucht einen sonnigen Standort mit tiefgründigem, nährstoffreichem Boden; Reihenabstand
30 cm, Samenknäuel zu 4–5 Stück im Abstand
von 20 cm legen, auf 20 cm vereinzeln.

Pflücksalat

Lactuca sativa var. crispa

Salat mit krausen Blättern, der keine Köpfe
bildet; im Geschmack herber als der Kopfsalat;
Wuchshöhe etwa 30 cm. Bei der Ernte äußere
Blätter wegnehmen, damit sich neue Blätter
nachbilden. Der Pflücksalat braucht einen sonnigen bis halbschattigen Standort mit nährstoffreichem Boden; Reihenabstand 20 cm.

Spinat

Spinacia oleracea

Beliebtes Blattgemüse in verschiedenen Sorten
für die Frühjahrs- und Herbstkultur; im Sommer
treiben (schießen) aus den Blattrosetten bis zu
60 cm hohe, ungenießbare Blütenstiele. Spinat
braucht einen sonnigen Standort mit nährstoffreichem Boden; Reihenabstand 30 cm, auf
10-15 cm Abstand vereinzeln.

Kohlgemüse

Wachstumsjahr

Kohlgemüse	Jan.	Febr.	März	April	Mai	Juni	Juli	Aug.	Sept.	Okt.
Blumen-kohl		▦		⬤			Ⓔ			
					▦		⬤		Ⓔ	
Brokkoli		▦		⬤			Ⓔ →			
					▦		⬤		Ⓔ	
Grünkohl					▦		⬤			Ⓔ
Kohlrabi			▦		⬤	Ⓔ				
Rosenkohl			▦	⬤					(-⚘-)	Ⓔ
					▦	⬤				(-⚘-)
Rotkohl			▦		⬤		Ⓔ			
					▦	⬤				Ⓔ
Weißkohl			▦	⬤			Ⓔ			
Wirsing-kohl		▦		⬤			Ⓔ			
			▦		⬤				Ⓔ	

Folgejahr

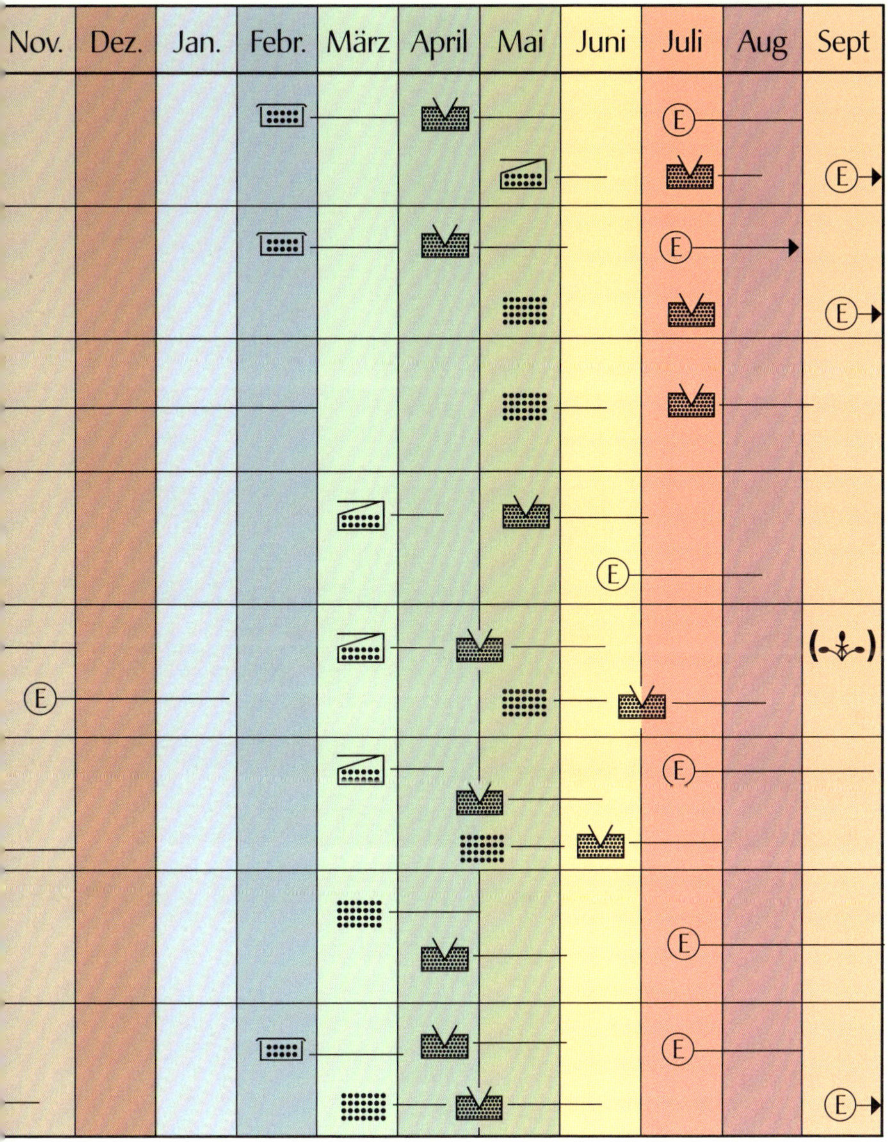

Nov.	Dez.	Jan.	Febr.	März	April	Mai	Juni	Juli	Aug	Sept

Zeichenerklärung

- pflanzen
- säen ins Freiland
- säen in Anzuchtschale
- säen ins warme Frühbeet
- entspitzen
- Ⓔ ernten
- ( ) kann, muss nicht

Blumenkohl

Brassica oleracea var. botrytis

Beim Blumenkohl werden nicht die Blätter, sondern die gestauchten Blüten, die eine kompakte „Blume" (den Kopf) bilden, verwendet; damit er weiß bleibt, Randblätter knicken und darüberlegen. Blumenkohl braucht einen sonnigen Standort mit humosem, nährstoffreichem, kalkhaltigem Boden; Pflanzabstand 40 cm.

Brokkoli

Brassica oleracea var. italica

Ähnlich dem Blumenkohl, bildet jedoch grüne oder violette Blütenköpfe auf fleischigen Stielen; lockerer Wuchs, dadurch mehrere Ernten von einer Pflanze. Brokkoli braucht einen sonnigen Standort mit humosem, nährstoffreichem, kalkhaltigem Boden; nach dem Pflanzen nicht nachdüngen. Pflanzabstand 60 cm.

Grünkohl

Brassica oleracea var. sabellica

Kohlsorte, die keine Köpfe bildet, die länglichen, dunkelgrünen Blätter sind vom Rand her stark gekräuselt; unempfindlich gegen Frost, daher bis in den Winter zu ernten; verschiedene Sorten. Grünkohl braucht einen sonnigen Standort mit humosem, nährstoffreichem, kalkhaltigem Boden; Pflanzabstand 50 cm.

Kohlrabi

Brassica oleracea var. gongylodes

Schnell reifender Kohl, dessen Spross sich zu einer fleischigen Knolle verdickt; roh und gekocht zu verzehren; verschiedene Sorten in grüner und blaugrüner Färbung. Kohlrabi braucht einen sonnigen Standort mit nährstoffreichem und bei Frühanbau sich schnell erwärmendem Boden; Pflanzabstand 35 cm.

Rosenkohl

Brassica oleracea var. gemmifera

In den Blattachseln der bis zu 1 m hohen Strünke der frostunempfindlichen Pflanze entwickeln sich aus den Seitenknospen die zarten Röschen; können bis in den Winter geerntet werden. Rosenkohl braucht einen sonnigen Standort mit humosem, nährstoffreichem, kalkhaltigem Boden; Pflanzabstand 50–60 cm.

Rotkohl

Brassica oleracea var. capitata f. rubra

Blaurot gefärbter Kopfkohl (Blaukraut), der mit viel Blattmasse feste Köpfe bildet; es gibt verschiedene Sorten mit unterschiedlichen Kulturzeiten. Rotkohl braucht einen sonnigen Standort mit nährstoffreichem, mittelschwerem Boden; bei Trockenheit reichlich wässern, Pflanzabstand 60 cm.

Weißkohl

Brassica oleracea var. capitata f. alba

Grüner, fester und schwer werdender Kopfkohl; besondere Form ist der Spitzkohl, mit länglich-spitzen Köpfen; wird roh, gekocht oder als Sauerkraut verzehrt. Weißkohl braucht einen sonnigen Standort mit nährstoffreichem, mittelschwerem Boden; bei Trockenheit reichlich wässern. Pflanzabstand 40 cm.

Wirsing

Brassica oleracea var. sabauda

Kopfkohl mit stark gekräuselten Blättern, der Kopf bleibt durch die Kräuselung locker und ist weniger schwer als der Weißkohl; verschiedene Sorten für unterschiedliche Kulturzeiten. Der Wirsing braucht einen sonnigen Standort und gedeiht auch auf ärmeren Böden, braucht weniger Wasser. Pflanzabstand 60 cm.

Gewürzkräuter

Wachstumsjahr

Gewürzkräuter	Jan.	Febr.	März	April	Mai	Juni	Juli	Aug.	Sept.	Okt
Bohnen-kraut				▦ —— |·|·|—		Ⓔ ——			
Dill			▦ |·|·|	Ⓔ ——→				|!|!	
					▦ |·|·|	Ⓔ ——→			
Kerbel				▦ — |·|·| Ⓔ		|!|!			
Liebstöckel		▭ ——		Ⓔ ——→					|!|!	
Majoran					▦ |·|·| Ⓔ ——→				
Melisse					▽ Ⓔ					
Petersilie			▦ |·|·|——			Ⓔ		◊Ⓔ ▭	Ⓔ
			▦ |·|·|——						
Schnitt-lauch				▦ ——	▽ ——		Ⓔ			(❄)

Folgejahr

Nov.	Dez.	Jan.	Febr.	März	April	Mai	Juni	Juli	Aug	Sept

Zeichenerklärung

	pflanzen
	säen ins Freiland
	Selbstaussaat
	teilen und pflanzen
	treiben im Topf
	vereinzeln
E	Wurzeln ernten
E	ernten
	Winterabdeckung
( )	kann, muss nicht
– – –	Folgekultur möglich, z. B. in 3-wöch. Abstand

Bohnenkraut

Satureja hortenis

Einjähriges Kraut mit blass-violetten Blüten; 30 cm hohe Büsche mit länglich-spitzen, aromatischen Blättern; Ernte von jungen Trieben oder blühendem Kraut; zum Trocknen geeignet, hält Aroma gut. Das Bohnenkraut braucht einen sonnigen Standort mit leichtem, durchlässigem Boden. Auf 20 cm Abstand vereinzeln.

Dill

Anethum graveolens var. hortorum

Einjährige, bis 1 m hohe Pflanze mit fein verzweigten, fast fadenförmigen Blättchen und reichlich blühenden gelbgrünen Doldenblüten; es gibt verschiedene Hochzuchtformen. Dill braucht einen sonnigen bis halbschattigen Standort mit normalem Boden, bei Trockenheit wässern. Reihenabstand 25 cm, vereinzeln.

Kerbel

Anthriscus cerefolium

Einjährige, schnellwüchsige Pflanze, Blätter ähneln denen der Petersilie; blüht und fruchtet nach wenigen Wochen; durch Folgesaaten ersetzen; Ernte der jungen Blätter vor der Blüte, Geschmack würzig-süßlich. Kerbel braucht einen halbschattigen Standort mit leicht feuchtem Boden; Reihenabstand 15 cm.

Liebstöckel

Levisticum officinale

Ausdauernde (10 Jahre und länger), 120–200 cm hohe, sehr würzige Pflanze mit gelblichen Doldenblüten; wächst zu einer umfangreichen Staude aus, muss nach einigen Jahren durch Teilung verkleinert werden; 1 Pflanze im Garten ausreichend. Liebstöckel braucht einen halbschattigen Standort mit lehmigem Boden.

Majoran

Origanum majorana

Nicht winterharte, mehrjährige, 20–50 cm hohe Pflanze, die bei uns nur einjährig kultiviert wird; stark duftende Blätter; grüner Blütenstand mit schuppenförmigen Hochblättern und kleinen, weißen Blüten; Ernte vor der Blüte. Majoran braucht einen sonnigen Standort mit lockerem Boden; Reihenabstand 30 cm.

Melisse

Melissa officinalis

Ausdauernde Staude mit bis zu 80 cm hohen Stängeln, die 20–30 Jahre alt werden kann und gelegentlich geteilt werden soll; hellgrünes Laub mit starkem, zitronenähnlichem Duft, weißliche Blüten (Zitronenmelisse). Die Melisse braucht einen sonnigen Standort mit lockerem, lehmigem Boden; Pflanzabstand 40 cm.

Petersilie

Petroselinum crispum

Ein- bis zweijährige Pflanze, die reichlich würziges Laub ausbildet. Es gibt glattblättrige und krause Sorten. Schnittpetersilie ist winterhart und kann ganzjährig geerntet werden. Sie braucht einen sonnigen Standort mit lockerem, humusreichem Boden; Reihenabstand 30 cm, vereinzeln auf 3 cm Abstand.

Schnittlauch

Allium schoenoprasum

Ausdauerndes Zwiebelgewächs, das 15–30 cm hohe, röhrenförmige Blätter ausbildet, die je nach Sorte verschieden dick sind; Ernte fortlaufend, nicht zu stark zurückschneiden; zieht über Winter ein. Schnittlauch braucht einen sonnigen bis halbschattigen Standort mit lehmigem Boden; Pflanzabstand 20 cm.

Beerenobst

Wachstumsjahr

Beerenobst		Jan.	Febr.	März	April	Mai	Juni	Juli	Aug.	Sept.	Okt.
Brom-beere				⊻				Ⓔ			✂
					✂						
Erdbeere									⊻		
Garten-heidelbeere				⊻				Ⓔ			
										⊻	
Himbeere				⊻							
					✂					⊻	
Johannis-beere, rot											
Johannisbee-re, schwarz											⊻
											✂
Kulturpreisel-beere				⊻					Ⓔ		
										⊻	
Stachel-beere											⊻

Folgejahr

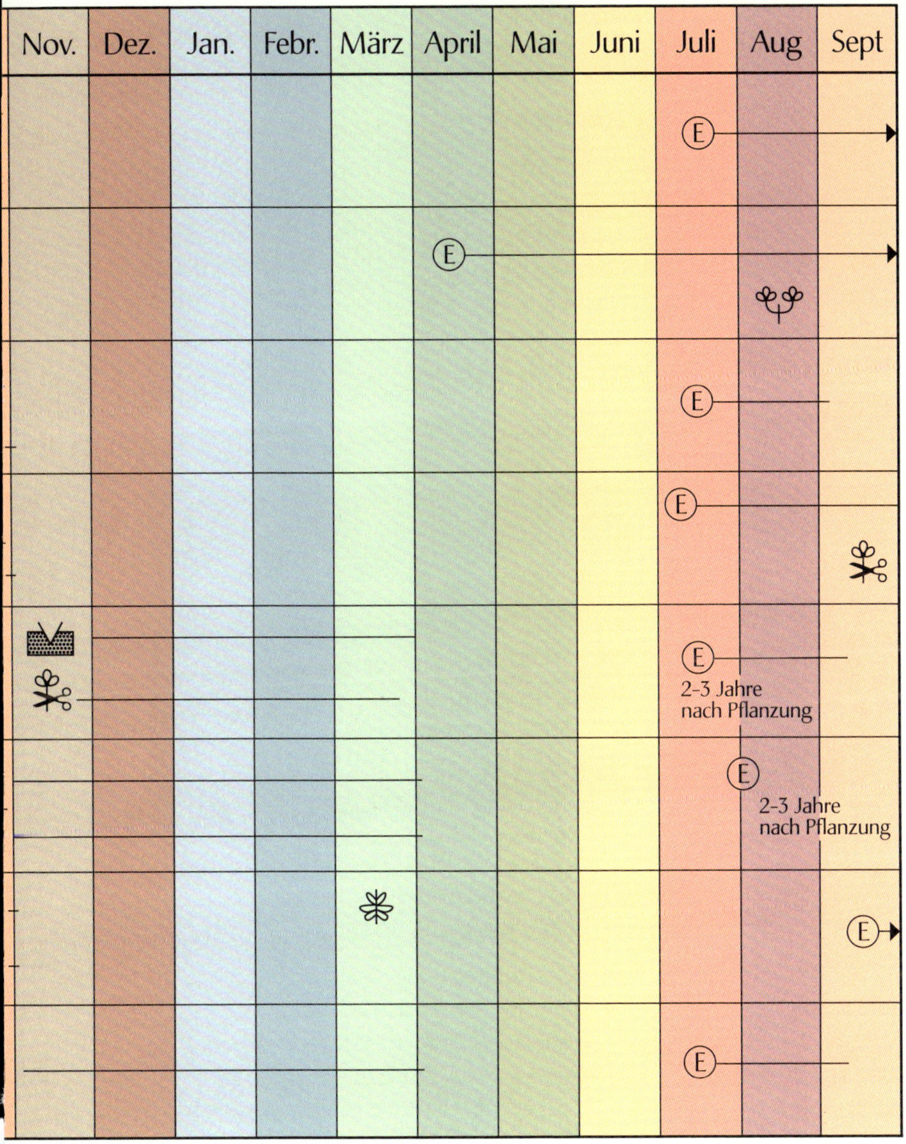

Nov.	Dez.	Jan.	Febr.	März	April	Mai	Juni	Juli	Aug	Sept
								Ⓔ �────────		➤
					Ⓔ ─────				ΨΨ	➤
								Ⓔ ────		
								Ⓔ ────		✂
⚒ ✂								Ⓔ ──── 2–3 Jahre nach Pflanzung		
								Ⓔ 2–3 Jahre nach Pflanzung		
			✿							Ⓔ ➤
								Ⓔ ────		

Zeichenerklärung

 pflanzen

 zurückschneiden

 teilen und pflanzen

 abgeerntete Zweige herausschneiden

 Ableger pflanzen

Ⓔ ernten

135

Brombeere

Rubus fructicosus

Bis 2 m hoher Halbstrauch, bestachelt oder unbestachelt, mit gefiederten Blättern und weißen Blüten; glänzend schwarze Früchte, die nur ausgreift geerntet werden sollen. Die Brombeere braucht einen sonnigen Standort, der Boden kann nährstoffarm und steinig sein; am Gerüst oder Zaun ziehen; Reihenabstand 2 m.

Himbeere

Rubus ideus

Ausläufer treibender, bis 2 m hoher Beerenstrauch mit zahlreichen feinen Dornen an den Ästen (Ruten); rote, rosa oder gelbe Früchte; wuchernde Pflanzen durch Anbinden und Schnitt in Form halten. Die Himbeere braucht einen sonnigen, windgeschützten Standort mit humusreichem Boden; Pflanzabstand 50 cm.

Erdbeere

Fragaria x *ananassa*

Buschige, etwa 40 cm hohe Staude mit dreiteiligen, gezähnten Blättern und roten Früchten, reich verzweigte Fruchtstände, die nach dem Fruchtansatz zum Boden herabhängen; viele Sorten mit unterschiedlicher Erntezeit. Die Erdbeere braucht einen sonnigen Standort mit humusreichem Boden; Pflanzabstand 40 cm.

Kulturheidelbeere

Vaccinium corymbosum

Große, bis zu 2 m hohe Sträucher, blaue Früchte mit farblosem Saft, stehen in Trauben, bequem zu ernten. Die Kulturheidelbeere braucht einen sonnigen bis halbschattigen, windgeschützten Standort mit saurem Boden; mit Regenwasser feucht halten, Kalk und kalkhaltiges Gießwasser vermeiden; Pflanzabstand 40 cm.

Rote Johannisbeere

Ribes rubrum

Reich verzweigter, 1–2 m hoher Strauch, auch Hochstämmchen mit gelappten Blättern und in Trauben hängenden, roten (weißen oder gelblichen) Beeren; mehrere Sorten. Die Rote Johannisbeere braucht einen sonnigen bis halbschattigen Standort mit normalem, leicht saurem Boden; Pflanzabstand 1,5 m.

Schwarze Johannisbeere

Ribes nigrum

Breitbuschiger, 1–2 m hoher Strauch, auch Hochstämmchen mit gelappten Blättern unscheinbaren Blüten, die schwarzen, herb schmeckenden, vitaminreichen Beeren hängen in Trauben; flach wurzelnd, bei Bodenbearbeitung nicht zu tief hacken; Schneiden der Sträucher notwendig. Standort wie Rote Johannisbeere.

Kulturpreiselbeere

Vaccinium vitis-idaea

Zwergstrauch von 30 cm Höhe, der bald einen dichten Teppich bildet; derbe, wintergrüne Blätter und scharlachrote, in Trauben hängende Beeren; verschiedene Zuchtsorten der heimischen Preiselbeere. Die Kulturpreiselbeere braucht einen sonnigen bis schattigen Standort mit saurem Boden; Pflanzabstand 40 cm.

Stachelbeere

Ribes uva-crispa

Stacheliger, 1–3 cm hoher Strauch, kleine, gelappte Blätter, unscheinbare Blüten; Sorten mit grünen, gelben, weißen oder roten Beeren; frei wachsende Büsche oder Hochstämmchen. Die Stachelbeere braucht einen sonnigen bis halbschattigen Standort mit tiefgründigem, nicht zu trockenem Boden; Pflanzabstand 1,5 m.

Kern- und Steinobst

Wachstumsjahr

Kern- und Steinobst	Jan.	Febr.	März	April	Mai	Juni	Juli	Aug.	Sept.	Okt.
Apfel										🧺
Aprikose			🧺	✿			Ⓔ—			
Birne										🧺
Mirabelle										🧺
Pfirsich			🧺	✿			Ⓔ—			
Pflaume										🧺
Quitte			🧺		✿—					🧺 / Ⓔ
Sauer-kirsche										

Folgejahr

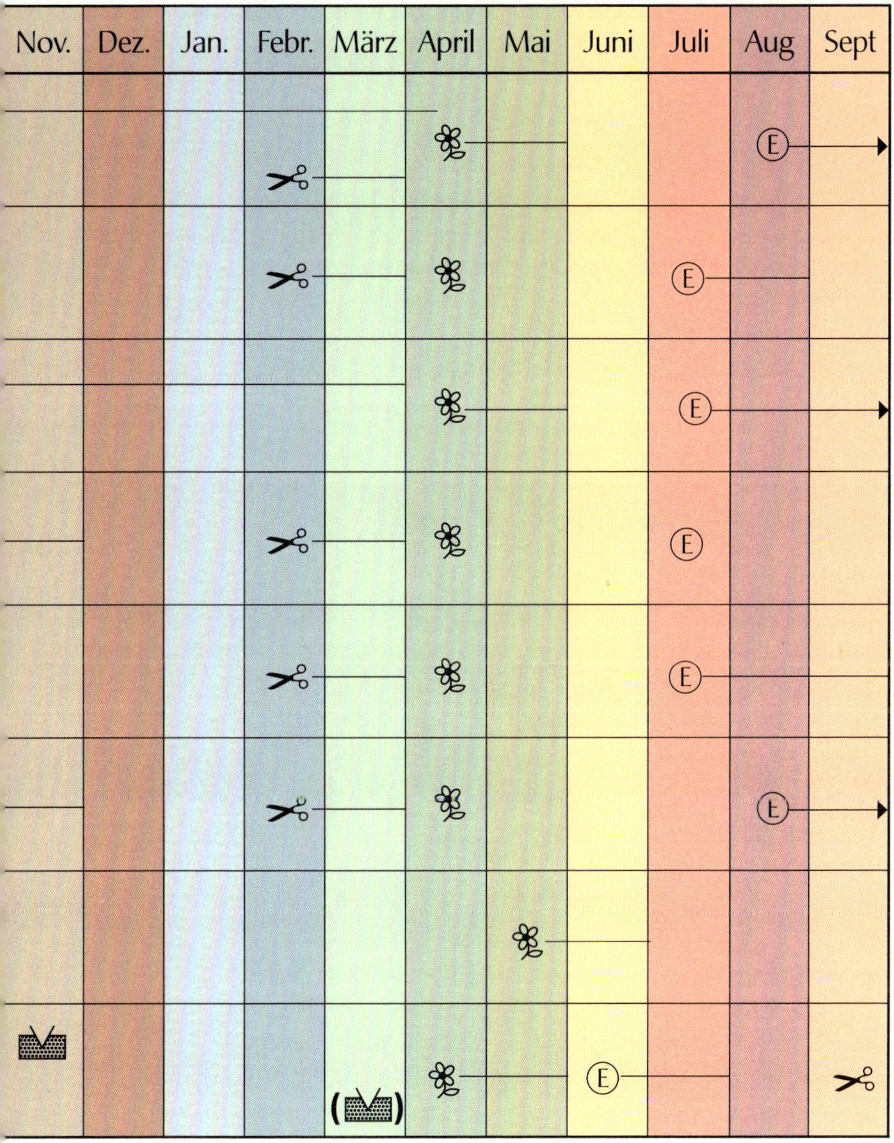

Nov.	Dez.	Jan.	Febr.	März	April	Mai	Juni	Juli	Aug	Sept
			✂		🌸				Ⓔ →	
			✂		🌸			Ⓔ		
					🌸			Ⓔ	→	
			✂		🌸			Ⓔ		
			✂		🌸			Ⓔ		
			✂		🌸				Ⓔ →	
						🌸				
🧺			(🧺)		🌸		Ⓔ		✂	

Zeichenerklärung

🧺   pflanzen, wenn kein Frost und Schnee

🌸   Blütezeit

✂   Schnitt

( )   kann, muss nicht

Ⓔ   Ernte

Ⓔ→   Ernte bis Oktober

Apfel

Malus domestica

Wird als Baum oder Spindelbusch gezogen, kleine Formen auch am Spalier; Wuchshöhe 2–8 m; gelbe, grüne oder rote Sorten, für Fruchtansatz sind Befruchtersorten nötig. Apfelbäume wachsen nur gut in gemäßigtem Klima und gedeihen gut an sonnigen Standorten mit humosem, nährstoffreichem, tiefgründigem Boden.

Aprikose

Prunus armeniaca

Obstgehölz in Busch- oder Halbstammform; Sortenvermehrung durch Veredelung; reich tragend bei günstigen Kulturbedingungen; Anbau nur in wärmeren Regionen; nicht schneiden, nur auslichten. Die Aprikose braucht einen sonnigen, geschützten Standort mit humusreichem, lockerem Boden; Pflanzabstand 5–6 m.

Birne

Pyrus communis

Kann bis 20 m hoch werden, wird jedoch bevorzugt als Busch, Spindelbusch oder Fächerspalier an der warmen Hauswand gepflanzt; nur wenige Sorten; Veredelung auf Sämlingen oder Quittenunterlage. Die Birne braucht einen warmen, geschützten Standort mit tiefgründigem, lockerem Boden; Pflanzabstand 3–4 m.

Mirabelle

Prunus domestica ssp. syriaca

Beliebte und häufig angebaute Pflaumensorte mit kleinen, runden, gelblichen Früchten; alte Sorten werden 8–10 m hoch, neue 2–3 m. Die Mirabelle stellt keine besonderen Ansprüche an den Standort, gedeiht aber besser in wärmeren Regionen; normaler, gerne auch kalkhaltiger Gartenboden; Pflanzabstand 5 m.

Pfirsich

Prunus persica

Als Baum, Busch, Halbstamm oder Spalierobst an der Hauswand gepflanzt; neue Sorten nur noch 80-120 cm hoch; rosa Blüten und samtig behaarte oder glattschalige Steinfrüchte. Der Pfirsich braucht einen sonnigen und warmen Standort mit humosem, nährstoffreichem, tief gründigem Boden; Pflanzabstand 4 m.

Pflaume, Zwetsche

Prunus domestica

Steinobst mit größeren, eiförmigen (Pflaumen) oder kleineren, länglichen Früchten (Zwetschen), letztere werden am meisten angebaut; viele Sorten, manche sind selbstfruchtbar; bei der Sortenauswahl darauf achten, evt. mehrere Exemplare zusammenpflanzen. Standort und Boden wie Mirabelle; Pflanzabstand 4–5 m.

Quitte

Cydonia oblonga

Als Strauch oder Baum 3–8 m hoch; große, weiße oder rötliche Blüten; nach der äußeren Form werden Apfel- oder Birnenquitten unterschieden; Früchte anfangs behaart; zur Verwendung voll ausreifen lassen. Die Quitte ist frostempfindlich und braucht einen sonnigen Standort mit lockerem Boden; Pflanzabstand 4 m.

Sauerkirsche

Prunus cerasus

Baum mit 6–10 m Wuchshöhe, heute meist niedrigere Sorte kultiviert, bekannteste Sorte 'Schattenmorelle'; Sorten meist selbstfruchtbar; weiße Blüten, rote oder gelbrote Steinfrüchte. Die Sauerkirsche braucht einen sonnigen bis halbschattigen Standort mit humosem, tiefgründigem Boden; Pflanzabstand 4 m.

Arten- und Sachregister

Impressum

ISBN 978-3-8094-2486-4

© 2011 by Bassermann Verlag, einem Unternehmen
der Verlagsgruppe Random House GmbH, 81673 München

Umschlaggestaltung, Layout und Satz:
GRAFIK + DESIGN Heide Wülfert, München

Fotos: 6 (Friedrich Strauß), 10 (Friedrich Strauß), 12 (istockphoto/Josef Philipp),
48 (istockphoto/Narvikk), 67 (istockphoto/Alexandra Draghici),
76 (Friedrich Strauß), 93 (Archiv Südwest Verlag/Peter Rees), 128 u.re.
(istockphoto/Libor Tomastik); alle übrigen Wolfgang Redeleit

Zeichnungen: Archiv Randomhouse

Redaktion und Bildredaktion: Verlagsbüro Kopp, München

Projektleitung: Herta Winkler

Herstellung: Sonja Storz

Druck: Polygraf Print, Prešov

Printed in Slovakia

817 2635 4453 6271